施設長の資格！

現場力をアップさせ、日本の福祉を変えるエネルギーを生み出す

福祉経営に役立つ30項

内藤晃

中央法規

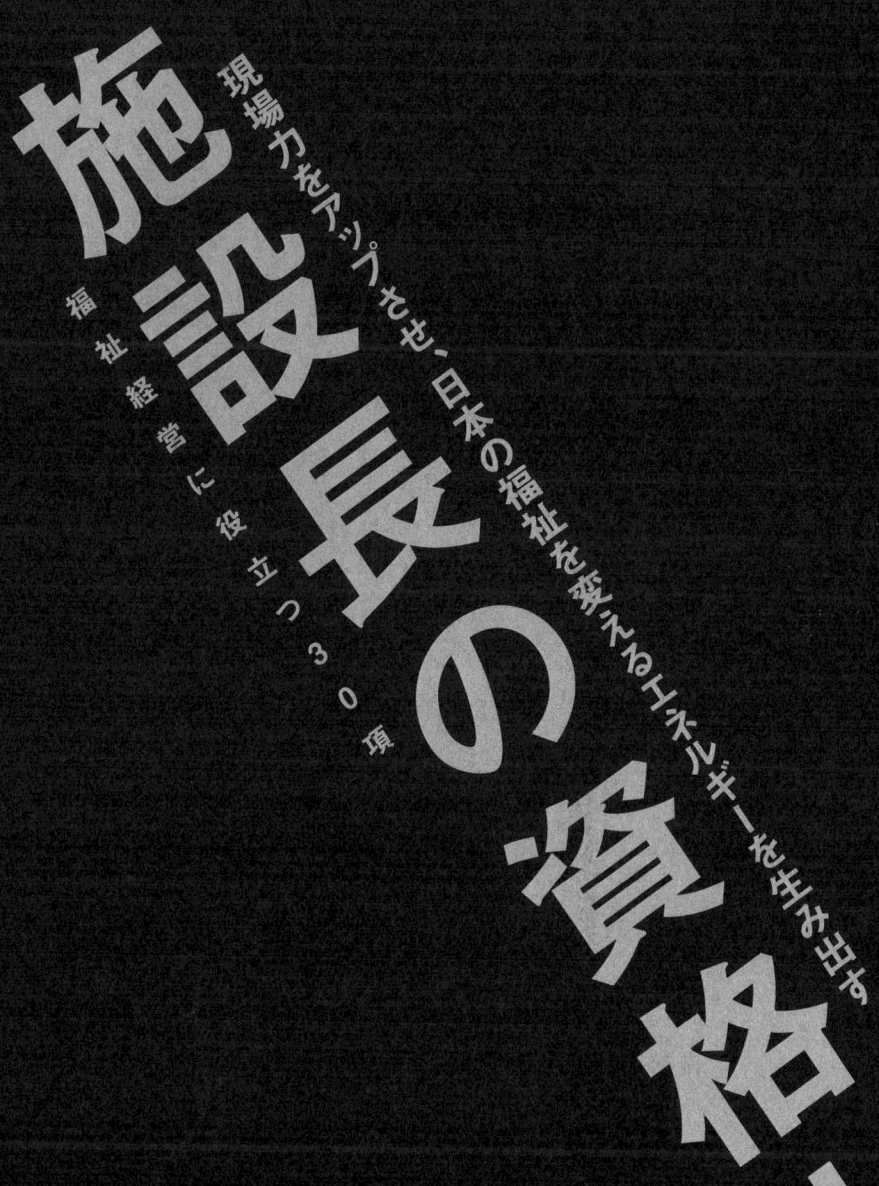

はじめに

社会福祉施設の現場で仕事をしていると、日々さまざまなことが起こります。涙が出るほど感動できる幸せな出来事もあれば、眉をひそめるようなこと、悲しいこと、腹立たしいこと、元気がなくなるようなことも起こります。

昨日までのようなむなしい日が今日こそ止まってほしいと感じ、このまま進んでいったら明日の職場はいったいどうなるのかと、不安で眠れなくなる方もきっと多いことでしょう。仕事を辞めたくなって退職願を書こうかと迷ったことがあるかもしれません。「福祉の現場には福祉はない」と絶望感をもっているかもしれません。

「なんとかしなければならない」と感じている方は実はあなた一人ではありません。意外に思うかもしれませんが、今の仕事に満足している人は本当に少ないのです。

私もその一人です。あなたと同じです。

あなたは今の仕事のなかで、無力感を覚えているかもしれません。「もう打つ手はない」と感じているかもしれません。

私があなたと異なる点があるとすれば、それは「もう打つ手はない」と感じてはいないということです。どんなことに対してもやるべきことが見えてきています。もちろん毎日が試行錯誤であることに違いはありません。福祉サービスに限らず対人サービスには「正解」はありません。もっと正確にいえば「正解は一つではない」のです。だから日々奮闘努力をする楽しみが見つけられるのです。

今日に満足せず明日に期待をもつべきである、と感じる点ではきっとあなたと同じです。

仕事を通じてどのようなミッション（使命）を実現しようとするかはあなた次第です。ミッションとはあなたの生き様ですし、あなたそのものだからです。

少なくとも仕事においては、ミッションこそが根幹であり、テクニック、スキルはどちらかといえば枝葉です。しっかりとしたミッションがないままテクニックをこねくり返しても、十分かつ長期的な成果は得られません。

しかし、ミッションがあってもスキルがなければ大樹には育ちません。高齢者、障害者や子どもに心を寄せ、見知らぬ他人の支援に自らの人生を捧げたいという尊い意志があっても、基本的なスキルがなければ効果は得られません。目の前に倒れた人がいるときは、「救命救急」のスキルが最重要なことはおわかりでしょう。救命救急に限らず、スキルはいわば道具・ツールですから、あくまで手段にすぎません。とはいえ、あなたが十分に有効な手段をもつことで、効率的に目的を達することと（ミッションを実現すること）ができるようになります。だからこそテクニックやスキルの修得の重要性に気づいていただきたくて、本書『施設長の資格！』を書きました。

ミッションのないスキルは無意味ですが、スキルのないミッションはまた無力です。

スキルはミッションに実現力を与えてくれるのです。施設長にとってなくてはならないスキルとは何でしょうか。それをどのように獲得していけばよいのでしょうか。

そして、これらのスキルを身につけることが、施設長の資格です。（どうか、ここでミッションを「情熱」、スキルを「知識」と置き換えて考えてみてください。どのような仕事の成果も、仕事に打ち込む情熱によってもたらされるのであって、知識ではないのです。情熱か知識かと選択を迫られたなら、間違いなく「情熱」を選択すべきです。行動を生み出す原動力は知識ではなく情熱だからです。にもかかわらず、本書はその情熱の火の素である知識の重要性を強調するために書きました。ぜひこのことを勘違いされることなくお読み取りください。決して情熱・ミッションが不要だと申し上げているわけではないのです。）

修得した多くのスキルがあなたのミッションの実現の妨げになることはありません。けれども、スキルのなさがミッションの実現を遠ざけている実例はたくさんあります。「できるけれどやらないこと」と「やりたいけれどできないこと」とは異なるのです。おそらく毎日現場で真剣に仕事に向き合っているあなたも実感できることでしょう。

福祉現場の環境が大きく変化するなかで、収益化・合理化・効率化・市場化といった経済原理が優先されるようになりました。事業所に営利企業的姿勢が求められているといえます。

したがって、福祉の事業所経営に経済原理重視の「市場アプローチ」をもちこむことは、福祉事業経営を見直し、改善していくうえではとても有効であることに気づいてください。とはいえ、「福祉アプローチ」を「市場アプローチ」に置き換えるべきだと主張するつもりは全くありません。福祉の現場で達成すべきあなたのミッションは（そしてそれは私のミッションと共通するはずですが)、情熱をもって利用者の幸せの実現に貢献することであるはずだからです。

私は、現在の障害者施設の施設長に就任して九年になります。就任後、経営する施設を日本一の施設にするにはどうしたらよいか、日々、スタッフとともに考え行動してきました。また、さまざまな書籍を読んだりセミナー・学会に出席したりして、施設経営の研究をしてきました。そのなかで気づき、必要性を感じたことを、二〇〇六年夏からメールマガジン『施設長の資格』で発信してきました。そして、縁があってこのような本に仕上がりました。この本を通じて、全国の読者の皆さんと出会えることとなったのです。内容は多少障害者福祉の現場での体験に比重が置かれますが、高齢者介護の現場や障害児支援や子ども教育の現場にも通じるものです。

タイトルは『施設長の資格!』ですが、「施設長・管理者」だけに向けて書いているわけではありません。むしろ若手・中堅の施設スタッフの方に向けてメッセージを発しています。あなたがたとえ施設長でなくても、もし自分が施設長ならばどういう行動をとるかということを常に考えていることが重要です。そして「施設長になる」という明確なビジョン・志をもっているスタッフの方だけが、将来「施設長・管理者」になれるのです。

ですから、福祉現場の一線で日々苦闘しているまじめなスタッフの方々で、将来施設長・管理者になりたいと本気で考えている方(今はそこまでの意識ではなくても施設長・管理者はこうあってほしいと日々現場で考えている方を含みます)にその資格(スキルと情熱)を身につけるための情報を本書ではまとめました。

そうです。あなたのために、あなたにこの『施設長の資格!』をお届けします。

第2章　集客力で経営実力をパワーアップさせよう

第3章 これがポイント！ 施設長の計数・財務センス……131

第4章 人財育成と組織育成のエキスパートになる……147

第5章 施設長の仕事発想法あれこれ

第6章 自分の夢をかなえるために……207

第1章

施設長に必要な資質

1 施設長の最大使命は戦略立案と目標設定

あなたの使命はあなたそのもの

まず、いきなりですが、あなたは理想をおもちですか。

福祉の現場で働く以上、そしてこのような本を手にするあなたは、仕事を通じて、世の中のためにどのような貢献をしたいのかを考えたことはあるはずです。また、現場のスタッフとともに最高のサービスを提供して、そのサービスを受けた高齢者、障害者、子どもたちやそのご家族に感激され、涙ながらの感謝を受けて、対人サービスを提供する現場ならではの感動がいくども続くことを実現するためにはどうするかを考えたことはあるはずです。

あなたが施設長であっても、あるいは現場のスタッフであっても、立場は何であっても、仕事をしている以上、仕事を通じて（つまりあなたの人生を賭けて）達成したいものをもっているはずです。それがあなたの使命なのです。

一人の大人として、職業人としてミッションをもっていない人は誰もいません（「使命・ミッション」を「あなたの人生そのもの」「あなたが生まれてきた理由」と置き換えることができます。そう考えればミッションをもっていない人などいない、という理由はおわかりになるはずです）。

あなたと同じミッションをもっている人は、他にもいるかもしれません。しかし、そのミッションを実現するために具体的に「今日」何をするか、といえば、あなた次第です。具体的な目標は人それぞれですから、それを明確に意識することが大切です。また、あなた自身の考えを整理する作業も大切です。

そこで、それをはっきりと確認するために、まずそれを紙に書いてみましょう。

……と「目標を紙に書くワーク」をするのは別の機会に譲るとしますが（このワークはとても有効です。興味ある方にはあとでお知らせします……）、仕事をするうえで本当に大切なことは「目標を設定すること」です。

あなたは、今日一日の仕事を通じて何がどのようになれば「今日はいい仕事をしたな」と判断できますか。その判断基準となるものが「目標」です。目標がないことには、すべて「結果オーライ」になってしまいます。

もちろん人生、束縛のない旅を気ままに送ろう、というライフスタイルもまた素敵です。「結果オーライ、何がいけないの？」という時間も、ときにはリフレッシュするうえで大切なことには違いありません。でも仕事となれば（福祉の現場で働く以上は）そうはいきません。だから、考えていただきたいのです。

「あなたは、自分の使命・ミッションに従って毎日の仕事をしています。あなたの目標は何ですか。」

施設長にとっても目標の設定は常に一番重要なことです。特に施設長でなければ設定できないものがあります。それは……。

戦略＝目標（ゴール）のないレースはない

施設長の一番大切な役割は、戦略を立案することです。

戦略（Strategy）とは、一般的には長期的視野、複合思考で特定の目標を達成するために力や資源を総合的に運用する技術・科学です。戦略を確実に立案し、その遂行のために経営資源を配分していくことは、トップの最大使命です。

福祉施設の施設長にとっても、組織のトップとして「自施設がどうなりたいか」「自分の施設の五年後、十年後の姿がどのようになれば『成功した』といえるのか」という目標を決めるのが最大の使命です。

目標とは、経営者・組織のトップが自主的・能動的に求めるゴールのことです。この目標を決めるのは、あなた自身のためでもありますし、スタッフ・組織のためでもありますが、あなた自身の心のミッションに従って福祉サービスを提供し、そのサービスを受け取り満足していただきたいお客様（利用者とそのご家族）に伝えるためでもあります。

目標（ゴール）のないレースはないのです。ゴールを見つめるから全力で走れるのです。レースを単に「競争」ととらえないでください。福祉の世界にレースはふさわしくないというのは短絡した考えです。レースの本当の意義は、スタッフ同士が力を合わせるきっかけ・タイミング・チャンスになるということです。複数のスタッフが力を合わせられるのは共通のゴールに向かうからです。このような意味から、福祉サービスの世界にもゴールやレースという考え方は必要です。

徒競走であればゴールが決まっていないうちにスタートをすることはありませんが、福祉の仕事となるとゴールが決まっていないまま走り始めてしまうことがあります。ケアプランや個別支援計画は福祉サービスの目標（設計図）であり、ゴール（成功イメージ）です。しかしながら無計画なまま福祉サービスが提供され続けることがあるのです。したがって前を見て走るために、あいまいな目標設定をしないことです。具体的な目標・ゴールを定めてください。

また、目標は測定可能でなければなりません。目標は、次のレースの出発点でもありますし、また「挑戦から撤退するための決心点」でもあります。目標が明確になれば到達への手段・ルートが明確になります。目標が明確になるから確実に到達できるのです。そして約束の期限が到来したら、これまた計画された方法で測定するのです。測定することで、現在地点と目標との差（これを「問題」といいます）が明確になります。問題が明確になればそれをどのように解決するかという方針（これは「課題」といいます）をもって対処することができるのです。このことから、目標・ゴールの決まっていないところに改善は存在し得ないことに気づいてください。

ここで目的と目標の混同に気をつけてください。目的は同じであっても、設定する目標（例えば年間目標）が異なることはあり得ます。

では、組織のトップである施設長がどのようにして目標設定をしていけばよいのでしょうか。いくつかの手法を紹介しましょう。

目標設定の手法1――顧客にあなたの強みを教えてもらおう

ビジネスにおける重要な指標は、売上高でも市場シェアでもなく、顧客ロイヤリティであるといわれています。

顧客ロイヤリティとは、顧客が商品・サービスの提供元である商店・事業者に対してもつ忠誠心、つまりお店のためによいお客であり続けたいと願う心のことです。したがって事業者にとっては具体的にはリピーターを確保することをいいます。リピーターこそが一番収益をもたらしてくれるお客様であるからです。リピーターとは「常連客」「固定客」です。施設がお届けする福祉サービスの「愛用者」です。

施設はこれまで利用者（顧客）に対して、常連客であることが当然であるかのように振る舞ってきました。売り手市場であることをよいことにリピーター確保のための施策など全く行っていません。なかにはＩＳＯ九〇〇一規格の認証を取得するなど、独自の取り組みで顧客満足度の向上に努めている施設もあります。しかし、その数は微々たるものです。

ビジネスにおいては顧客ロイヤリティを高めることが重要である、と強調したくてもそもそも福祉業界には売上高や市場シェアという概念すらありません。施設の売上は「利用定員（あるいは利用者数）×報酬単価＝売上高」という数式で自動的に決まってしまいます。利用定員・利用者数を増やすか、国による報酬単価アップの方針が決まらない限り、基本的に売上高を上げるという道筋は見えないかのようです。

ましてや市場シェアという概念は皆無に等しい。「ある地域の福祉サービスの利用を希望している障害者や高齢者の何パーセントを確保している」などという話は聞いたことがないでしょう？だから顧客ロイヤリティを高めるという行動を、一つのレースになぞらえるとしても、実は私たちはまだスタート地点にさえ届いていないのです。いえいえ、まだスタート地点へ向かうという気持ちにすらなっていないというべきでしょう。

例えば障害者福祉の領域ですが、障害者自立支援法は、支援費制度の財政破綻に対処するために生まれてきたものであることは間違いありません。報酬単価アップは期待できないばかりか、常識的に考えれば、報酬単価ダウンのための新制度です。

高齢者福祉の領域における介護保険でも二〇〇〇年の介護保険法の施行に続き、二〇〇三年四月、二〇〇五年十月、二〇〇六年四月の介護報酬改定は同じような影響を現場にもたらしました。現場を運営する立場としては、厳しさを感じざるを得ません（二〇〇九年四月にも介護報酬の改定が予定されています。多少報酬がスタッフの給料手当アップに寄与する範囲で改善されるかもしれませんが……）。

介護保険制度が現場にもたらした影響とほぼ同じ影響が、数年後障害者福祉の現場に起こっていることを考えれば、高齢者福祉施策を研究することが障害者福祉施策の流れを読むことにつながります。

一九七〇年代の老人医療費無料化政策によって、老人病院等に入院する高齢者の数が増加し続け、いわゆる「社会的入院」問題を引き起こし、現代にも続く医療費急増の根源になっているといわれています。二〇〇〇年に介護保険法が施行されましたが、例えば介護保険三施設の一つである介護療養病床を二〇一二年三月までに廃止し、医療療養病床を削減する方針が生まれてきたのも介護療養病床の給付費の無駄が指摘されたからです。

ちょうど障害者福祉の領域で二〇〇三年度から措置制度に代わり支援費制度が発足しましたが、支援費の急増によりわずか三年で支援費制度が廃止され障害者自立支援法に改変されていったことは、老人医療費の二の舞にならないよう慌てた対応であった（根は同じところにあった）と見ればうなずけます。

いずれにせよ「福祉には十分なお金をかけるのだ」「それがこの国の美学だ」という福祉国家の理念はすでに失われています。

本業と周辺事業の両方に目を向けよう

だから施設長は、売上高（報酬単価）ダウンのなかで、組織の維持を図らなくてはなりません。報酬単価が上がらなくても売上高を上げる方法を見つけなければなりません。

実は簡単に見つけることができます。

それは、福祉事業の本業と、関連する周辺事業の両方に目を向けることです。福祉事業の本業はすでに高い売上高を確保できる状況ではありません。それを裏付けるように、現場の厳しい現状に対してさまざまな特別加算措置、激変緩和措置が見られます。つまり国の福祉制度のレベルが不十分であることが露呈しているのです。それでも「介護保険法」「障害者自立支援法」という法律の成立という重みはあります。緩やかな変化はあるでしょうが、急激な回帰は少なくとも数年は見込めません。

つまり、福祉事業の本業での売上アップは期待できないという覚悟が必要なのです。期待し続けるのではなく何か他の道を探さなくてはなりません。それではどうすればよいのでしょうか。

まず、福祉事業という本業には何を期待すればよいのでしょうか。

それは、高齢者介護や障害者支援の専門業ということです。高齢者・障害者・そのご家族・障害者に関連する特別支援学校・福祉事務所・ケアマネージャーなどに正々堂々とかかわれるのは福祉事業者だけなのです。高齢者・障害者に向けてサービスをしてきたという実績、そのサービスをつくり上げてきたノウハウや介護・支援のスキル、利用者をとりまく支援ネットワークを構築しコーディネートする体制は、福祉事業者は他のどの事業者（福祉事業に新規参入してくる民間企業）より簡単に実現することができます。簡単に信頼が得られるということです。高齢者・障害児という利用者を集客しやすいということです。

福祉事業という本業には、信頼をもととした「集客能力」が備わっているのです。

福祉事業には社会のセーフティネット（命綱・一番の社会的弱者を救うためのもの）という使命がありますから、この使命を放棄してまでも売上高を上げるしくみをつくることは許されません。

そこで目を向けるべきは周辺事業です。組織の維持のためには、福祉の本業ではなく、周辺事業に活路を見出すことです。リスクヘッジの発想です。

福祉の本業は組織理念そのものですから、スタッフのモチベーションを上げて取り組むべき大切な仕事ですし、あなた自身の使命のはずです。人間としての志といえるでしょう。

しかし今の時代は（より明確には現在の福祉行政の下では）この志だけでは組織維持すらできない。スタッフに十分な生活を営む保証をしてあげられないのです。だから周辺事業に活路を見出す必要性に気づくことがポイントです。

では、どのように周辺事業をつくっていけばよいのでしょうか。

変わらない顧客ニーズに気づくこと

「周辺事業をやれ、と言われてもこちとら福祉の専門家！　いまさら別の商売なんてできやしない」と考えがちです。

そもそも福祉本業だけでは組織の維持が難しくなった、つまり収入が減ったのはなぜかということをよく考えてみましょう。

本業の顧客である「利用者」に対するサービス提供者の競合が現れたからでしょうか。違います。

自由競争制度になって競争相手が多く出現してその結果シェアが減少して……ということではありません。

利用者のニーズが変わってしまったのでしょうか。これも違います。顧客である高齢者自身・障害者自身は従来のサービスに不満があったとしても（これはこれでその不満に対応する必要があるわけですが）、ニーズそのものが大きく変わってしまったからではありません。国の社会福祉制度が、法律改正を経て変わってしまったからであり、本質的なニーズは変わっていないのです。福祉サービス事業者だけでなく、実はもっとも制度が変わらないでいてほしいと望んでいる人は「利用者」です。今まで制度を利用していた本人とそのご家族です。

例えば、障害者福祉の領域のことですが、障害者自立支援法はそれ以前の法制度下ではサービス提供の対象になっていなかった障害者を対象に含めました。精神障害者がそうです。この新たに対象に含まれた利用者は新法制を歓迎していますし、法律を撤回して制度を後戻りさせるなんて要望もしないでしょう。しかしその他多くの障害者は経済的負担が増すなどの理由から、自立支援法を心から歓迎していません。つまり以前の制度がよかったと考えています。

そこで、以前の法制度ならば当然のように提供されて今回の障害者自立支援法によってその提供の体制が弱くなってしまったことに着目するのです。「ニーズは変わっていないのに、提供体制が弱くなってしまったこと」「本業の福祉事業から外れてしまっているもの」。ここに周辺事業を見つけるチャンスが潜んでいます（このことは障害者福祉の領域に限らず、すべての領域に当てはまることですから、ぜひ考えてみてください）。

それは何でしょうか。あなたは気づきましたか。

供給システムが弱くなった点に着目しよう［障害者福祉の場合］

それは……

①食事サービス
②デイサービス
③入所サービス

です。まずこの三つについては、今後、福祉事業者によるサービス供給体制は弱まります。しかしニーズは変わっていないと思えば、福祉の本業（給付費や措置費によるまかなわれている部分）から外れてきたこれらのことは、収益事業として新たな受け皿をつくることができるチャンスです。

つまり周辺事業の事業化が現実のものとなります。

もう一つ別の方法でビジネスチャンスに気づく方法があります。それは、制度改正によって福祉サービスの供給システムに変化が生じたところに着目することです。供給が変われば「供給がニーズをつくる」という経済学の販路法則（セイの法則）により「ニーズ」に変化が生じるからです。

制度改正によってどのようなニーズが出てくるのでしょうか。それは……

①就労
②施設から地域社会への移行
③三障害統合

です。この三つがこれからの事業所づくりのポイントとなります。このどれかに一番乗りをすることが重要です。

多くの場合、人々が一番として心に刻みつけるのは「最初」のものです。「最高（品質）」で心に刻みつけようとしてもその最高を上回るものが登場した瞬間、忘却の彼方に消えてしまいます。しかし「最初」のものは、あとから高品質のものが登場しても忘れられることはないのです。

だから支援費制度や障害者自立支援法によって人々のニーズに変化が生じてきて、新たなサービス需要が発生したときに、新たなサービスを最初に提供した事業所が人々の心に刻みつけられるのです。人々は、自分の心に残っているサービスやその事業所を選択したがります。選択されたいなら、一番乗りで、つまり最初のサービス提供事業者になりましょう。障害者自立支援法（これに限らず制度改正は何であっても）は、従来の業界内における序列を「リセット」する効果をもたらします。新規参入組にも大きなチャンスが訪れています。今までの業界内の序列に満足できなかった事業所・企業にとって千載一遇のチャンスです。

自立支援法に問題がないわけではありません。ここで取り上げて説明するまでもなく、改善すべき点がさまざまに議論されています。しかし、それだからこそ障害者自立支援法を「チャンスをもたらした救世主」ととらえることができる事業所だけに、障害者自立支援法は明るい日差しを降り注ぐのです。

さらに、周辺事業を見つけるもう少しよい方法があります。それは施設・事業所の強みを「一番客」の分析から見つけていく方法です。

一番客に着目するとあなたの施設の強みが見えてくる

あなたの施設・事業所の提供するサービスを利用する顧客（利用者ご本人・ご家族）のなかで、どんなに時代が変わったとしても、あるいはどんなに法律が変わったとしても、変わることなくずっと施設・事業所のサービスを使い続けてくださる方はどなたですか。ゆっくりとよく考えてみてください。

「一番客」を、今まで一番長く利用し続けてくださった方たちのなかから見つけられますか。または一番大きな収入をもたらしてくださった方たちのなかから見つけられますか。「一番客」ですから一人です。選んでみてください。その方の名前や顔を頭の中に想定しましたか。

次に、その方が、あなたの施設・事業所のサービスのなかで一番気に入っていることは何でしょうか。直接聞いてみてください。直接訊ねてみてください。

これは一番大切なところです。一番気に入っていることは何かを「あなたが考える」のではなく

「その方に聞く」のです。利用者本人に聞いてみてください。時間がかかるかもしれませんが。

その方は何と答えるでしょうか。食事でしょうか。入浴でしょうか。リハビリ、外出支援、余暇活動（芸術、スポーツ）、作業活動、企業実習でしょうか。友との語らいでしょうか。スタッフとの語らいでしょうか。家族との団らんの時間でしょうか。居室の静かさや清潔さ、温度、明るさでしょうか。それとも支払う利用料金の安さでしょうか。

「一番客が一番気に入っていること」これこそが、あなたの施設・事業所の一番の強みです。だから、もしかすると残念ながら「福祉サービスそのもの」ではないかもしれません。もし「友との語らい」こそ、その方が施設・事業所で受けるサービスの際に感じる一番の満足であるならば、あなたの施設の一番の強みは「利用者のニーズを的確にとらえた良質、かつ権利擁護への配慮の高い福祉サービス」ではなく「人生における最高の宝物、友との語らいの場の提供」にあることになります。

一番の強み、言い換えれば「一番うまく提供できているサービス」ということです。

「このエリアで（もちろん都道府県内でとか、全国で、といってもよいのです）一番に友との語らいの場を豊かに、かつ心地よく提供する施設・事業所です」「あなただけの人生になくてはならない最高の宝物、友との出会い・語らいをほんとうに大切に考える施設・事業所です」

これがこの施設・事業所の一番の強みなのですから、このことを周囲に知らせなくてはなりません。当然、施設長以下すべてのスタッフの名刺や封筒類、レターヘッドにはじまり、施設のイベント告知のポスターなどさまざまな機会をとらえて（施設・事業所のキーコンセプトとして）広げていくことが大切になります（ちなみに私の勤務する施設の一番の強みは、障害者の就職支援です。だから二〇〇六年十月に障害者自立支援法の新事業へ移行するのに合わせて、「明朗塾」から「就職するなら明朗塾」へ施設の名称を変えました）。

このように一番客の声に丁寧に耳を傾けることで、あなたが気づかないでいる「あなた自身の一番の強み」を知ることができます。「一番客のお気に入り」をその組織の目標に据えることは、あなたの長所を伸ばすことでもあるのです。

ただし、顧客ニーズを発見したからといって自動的に成功できるわけではないのです。顧客ニーズを見つけるのは、手にしている戦術の強みに気づいたり見直したりするための一手法にすぎません。目標はあくまで「顧客ニーズ」への気づきを活用したうえで「あなたのミッション」によって設定してください。ミッションとは「他の誰にも負けない情熱と力（スキル）と工夫（知恵やチームワーク）で最高の幸せを届けること」のはずです。あなたが本当に心の底から届けたいと願う幸せとは具体的にどういうものですか。考えてみてください。

組織のトップである施設長の、目標設定の次の手法を紹介しましょう。

目標設定の手法２――スタッフ（職員）の力を最大活用しよう

「あなたの事業には競争相手がいますか？」

このように聞かれたら何と答えますか。

どのような事業にも競争相手がいることを知る必要があります。同じサービスを提供する事業者が競争相手となるだけでなく、利用者（消費者）のお金の使い道を争う別の商品・サービスの提供者が競争相手となることがあります。

事業を安定させるには、競争に勝つ（利用者・消費者に選択される）ことが絶対必要です。福祉だからといって不戦勝は保証されないのです。福祉事業の商品・サービスに命がけで挑んでくる民間業者がいることを忘れてはなりません。大切なのは「競争力」を身につけることです。

競争力を得るために一番有効な方策（戦術の一つ）は、スタッフの配置を集結させることです。できるだけ全員のスタッフがラインにつくような無駄のない組織にすることです。「人員配置計画」は重要な戦術の一つです。競争相手に合わせて、どのようにしたらスタッフが一番働きやすく、かつ一番力を発揮できるかという観点から適時に人員配置を見直すことは、まさに施設長の職務なのです。人財を初めとする経営資源の集中こそ最高の戦術である、ということに気づいている施設長は優秀です。このような意味で、人財の一部にボランティアの活用を見出している施設長は本当に強いのです。

施設長は多くの場合、現場で陣頭指揮を執ります。つまり戦略立案とともに戦術指揮も執ることになります。戦場では敗北こそ最高の学びといわれています。現場での敗北による実体験が戦略を生み出すのです。だから、すべての施設長は戦略を生み出す力をもっているのです。ただし現場指揮官として経験があるならば！

現場指揮官としての経験の本当の姿とは「敗北の苦さを知っていること」です。さらにいえば、本当の敗北の苦さは、その戦闘に関する知識を一番もっていてこそ味わえるのです。例えば、就労支援に関する制度のありとあらゆることを一番詳しく知っている現場指揮官だけが、就労支援が実を結ばないという敗北の意味を一番深く知りうるのです。だからそのことをバネに、戦略を生み出すことができるのです。

施設長が、その組織のなかでは一番法律や制度に精通していなければなりません。でなければ、少なくともその組織内において最高の戦略をつくり上げることはできないからです。法律や制度に詳しくない自分との決別を、施設長はまずしなければならないのです。

（スタッフの方でも、施設長にこうあってほしいという思いがあるのなら、ぜひ法律や制度に詳しい自分をつくってください。自分ならこうするというビジョンをもったうえで、「施設長たるものこうあってほしい」と提案することはとても大切なことですが、ビジョンをもたないままの施設長批判は、単なる不平です。組織にとって不要な不平を組織に不可欠な「提案」に変化させるにはビジョンが必要なのですが、ビジョンをもつには法律や制度に精通する必要があるからです。前述の例にならっていえば、法律や制度に関する情報を施設長はくれないから、という言い訳で、自ら手に入れようとしない自分との決別をまずしなければならないのです。）

そして施設長は、スタッフの力を一番よく知らなければなりません。なぜならスタッフの力と魅力を最大限に発揮させて、その力を結集しなければ、組織に競争力は備わらないからです。

スタッフが自分の力を最大限に発揮するかどうかは、「自発性」の有無によって判断します。施設長や上司が指示したことや利用者から依頼されたことをそのまま一〇〇パーセント完遂する力を評価するだけでは、そのスタッフの魅力に気づくことはできません。言われたことや頼まれたことを超えて自分から率先して行動することのなかに、そのスタッフの力と魅力が潜んでいます。

スタッフ全員の力を発揮させることが組織運営の最終目的になるのですが、目標設定のためにはスタッフ全員に目を向ける必要はありません。矛盾しているようですが、一人の施設長がすべてのスタッフの長所に気づく眼力を備えることは、そもそも無理です（「組織の九割は施設長で決まる」というのもこれがその理由の一つです）。施設長自身の価値尺度と合致する自発性しか、その施設長には見えないはずです。そこで、スタッフ全員の力の結集を図るために、「自ら率先して行動するスタッフ」をまず一人だけ見つけることに集中しましょう。運よく見つけることができたならば、そのたった一人のスタッフが最高に活躍できる舞台をつくることです。あなたの組織がその舞台になるためにはどうすればよいかを考えると、そこに組織の目標が突然目に見える形で現れるのです。

2

「動機付け」の大切さを知ること

商人精神をもとう

施設長には、鋭い経営感覚を身につけることが要求されます。

ここではまず、障害者福祉の領域における授産事業（作業を通じた成果から障害者に工賃（給料）を支払い、その経済的自立を支援すること）の事業振興のために必要といわれる経営感覚の中身について考えてみましょう。授産事業は「障害者の自立のための工賃支払い」が主たる目的ですが、とかく「工賃原資を稼ぐための商い」の視点が忘れ去られがちです。それは「福祉」か「商売」か、二者択一の視点に惑わされるからです。

ここでの自立とは生活力・経済力の獲得（拡大）ですが、障害者支援のうえでは「福祉」の視点（権利擁護のことです）が、当然のことながら不可欠な前提条件となります。このとき「福祉」に関連する多くの支援手段のなかの一つに「商売」があると考えれば、惑わされずにすむのです。

営利企業とは異なる福祉施設が行う業務なので、「福祉アプローチ」であることには間違いないのです。それでも授産事業は「商売」に一番近いところで業務を展開します。もちろん「商売」抜きの福祉支援業務もあります（むしろそのほうが多いのです）。しかし授産事業にもとづく「商売」を中心軸に据えて支援業務を行おうとするときに「商い」がいいか悪いかという議論をするのは筋違いなのです。「商売」を前面に出して「福祉」を考えなければならないのです。「福祉」ベースの上に「商売」が乗っているという構造をイメージしてください。

商人精神のポイントは、「お客様からお金をいただく重み、苦しみ、そして喜びを味わえ」というものです。サラリーマンは労働の対価として賃金を受け取る「権利」があります。しかし商人には労働の対価として賃金を受け取る「権利」は自動的に生まれないのです。お客様のお買い上げがあって初めて「代金」を受け取ることができます。そしてその「代金」のなかから費用等を支払い、その後で経常利益を手にすることができるのです。

動機付けこそ本業と心得よう

お客様が商品を購入するということは、お客様の「購入行動の結果」です。なぜお客様が購入行動をとるのかを考えてみてください。人間は無意識で購入行動をとることはなく、必ず「ある意識」をもって購入（行動）します。例えば「これがほしかったから」「手元に置きたいから」「今すぐ使いたいから」「今買わなければなくなってしまうから」「いつか必要なときがくるかもしれないから」「安いから」「おいしいから」「役に立つから」「便利だから」「他に持っている人がいないから」「格好いいから」……。

このようなある意識のことを「動機」と呼びます。行動を引き起こすきっかけであり、行動を引き起こす理由です。何らかの「きっかけ」や「理由」があって、次の行動に結びつくのです。例えば「購入」という行動をお客様に起こさせようと思うなら「きっかけ」をつくらなければなりません。お客様が「買おう！」と決意する「きっかけ」です。あるいは「理由」です。お客様が「私はこのような理由でこの商品を買いました（そして満足しています）」と第三者に話すことができるような理由を用意しなければならないのです。授産事業（販売事業）を「商い」の観点から見直すポイントは、この「きっかけづくり」「理由の提供」、すなわち「動機付け」にあります。

お客様が購入するという行動は、自然に発生するのではなく、「商人」がつくり出すものです。この動機付けを実践する人こそが「商人」です。したがって前項の「商人精神」とは、言い換えれば「動機付けこそ本業と心得よう」という意味になります。

だから、授産事業として「商売（あるいは販売）」を成功させたいならば、このポイントを外してはならないのです。今、自分たちの実践していることが、お客様の動機付けにどのように結びついているか。このことを検証しなければならないのです。

すなわち「自分は商人として「動機付け」をしているか」という検証です。その結果「NO」と出たら、残念ながら「商売」はうまくいくはずはありません。商売を通じた「福祉サービス」で顧客満足を得られるはずがありません（換言すると満足のいく工賃を支払えるだけの利益を生み出せず、結果的に障害者本人の生活や自立を支えられるはずがないことになります）。

さて、販売の現場で、ある商品の売れ行きが不振だとします。あなたはその理由をどのように考えるでしょうか。

安易な原因分析は「値段が高いから」です。そしてこれまた、安易に値下げで対応しようとする人が多いのです。「お客様は高いと思うから買わないのであって、安くすれば買う(あるいは買える)はずだ」と。しかし販売現場を多少経験された方なら、このような策が解決の決定打とは思わないはずです。値下げの効果は少なくとも「長続きしない」からです。

多くのお客様は、値下げを自分のためのことだとは考えません。店側の事情のための値下げと考えるのです。だからまず値下げに不審を抱きます。「古いのではないか」「きずものではないか」と。お客様が唯一歓迎する値下げは「あなただけ特別」という状況のときだけです(しかしこれは値下げではなく、自分だけが選ばれたことを歓迎しているのですが)。

値下げをするならば値下げの理由を提供しなければなりません。それは一枚の「本日値下げ」というPOPだけでは不十分です。そこで次のようなものを考えるのです。「本日のおすすめ　当店では値下げをしません。それは商品価格に工賃(障害者の生活費)が含まれているからです。お客様に一つお買い上げいただくごとに○○円の工賃を支払うことができます。お客様のお買い物が障害者の生活を支えています。しかし本日この商品に限り値下げします。それはこの□□□のおいしさをすぐに知ってほしいからです」。

もう一つ「商売」の難しさがあります。それは「儲ける」ことは「悪」であると考えてしまいがちなことです。一方で儲けるということは、他方で「損をする人」が生まれることを自動的にイメージしてしまうからです。だから発想の転換をしなければならないのです。「儲けは満足の対価である」

と。損をさせたのではなく、満足をさせたから十分な利益が得られたのだと理解することです。

また、われわれは「消費者（買い手）が商人（売り手）より愚かである」と思い込みがちです。商人は販売のプロだが、消費者は消費のプロではないと。だから商人の儲けの笑顔の裏には無垢な消費者の涙があると。消費者を騙してはならない、商人が大きな利益を求めることはすなわち消費者を騙すことそのものであると考えがちなのです。

この「思い込み」から脱してください。この「思い込み」にとらわれていると、商売がうまくいかず、消費者に喜んでいただけるような商品・サービスの提供ができていない（その結果、目標どおりの工賃が支払えない）にもかかわらず、消費者権利を守ってフェアな商売をしていると自己満足の勘違いをしてしまうのです（自分一人ならばその勘違いも許されますが、福祉の現場でこの勘違いが展開されたならば、利用者が巻き添えを食うことになるのは明白です）。

となると、商人がすべきことは（これこそ販売のプロとしての使命ですが）商品・サービスの「よさ」を伝えることにあります。八〇円のあんパンと一二〇円のあんパンは何が違うのかを示すことです。売り手しか「本当の四〇円の違い」の理由はわかりません。材料なのか、製法なのか、何かのこだわりなのか。売り手が「四〇円高くても『それだけのよさ』がある」と思い込んでもそれがそのまま正確に消費者に伝わりません。「それだけのよさ」こそが満足の源泉であり、儲けの源泉であり、それがそのまま工賃になるのです。もう一度考えていただきたいのです。「安いからお得です」という安易な発想にしがみつき、本当の満足を伝える努力、それがもたらす幸せを手に入れるための行動を引き出す努力を怠ってきてはいなかったかを。

「いっぱいの満足を与えたからいっぱいの利益が得られる」これが商人のもつべき理念です。このことは第2章でも詳しく説明します。

ホテルコストも動機付けられる

介護老人福祉施設（特別養護老人ホーム）は介護施設のなかでは最多の施設ですが、この施設の利用者（入居者）は、介護保険の適用により、原則として介護サービス費の一割を自己負担することになっています。

介護保険の給付対象ではない「居住費」「食費」「日常生活費」のいわゆるホテルコストは、利用者の自己負担です。居住費や食費には基準額がありますし、所得に応じた負担限度額がありますが、基本的には施設と利用者との契約によって決めるものです。洗濯代などの日常生活費は、要介護度に応じて、実質負担額は大きく変動することとなります。

このホテルコストを利用者が支払う理由、動機付けをどのようにしているかを考えることは、高齢者施設の施設長にとって重要な役割です。利用者が洗濯代を支払う理由は何でしょうか。汚したから？　施設から請求書が届いたから？　それはそうです。でも、洗濯代を支払いたくなる理由は別のところにあります。洗濯代を支払うことによって利用者が手にするものは何でしょうか。そしてその手にしたものは利用者にとってどのような意味があるのでしょうか。このように考えていくことが、動機付けをするポイントです。

就労移行支援事業と就労継続支援事業との選択の動機付け

障害者自立支援法による事業に、就労移行支援事業（以下この項では「移行」）と就労継続支援事業（以下この項では「継続」）があります。利用者は、原則一割の利用料を負担することになっています。

一日あたりの利用料は施設の定員が四〇名だとすると、移行で七六九円、継続で四八一円です。利用者は経済的負担から見れば移行のほうが約六〇パーセント高くなります。事業者にとっては給付費収入と合わせてこの十倍の金額が報酬として入りますから、継続の事業より移行の事業を選択するほうが有利だと考える人もいます。

ところが移行と継続では、職員の配置基準が異なります。どちらも管理者やサービス管理責任者は必要ですが、その他のサービス提供を担当する職員数は、移行では定員四〇に対し職員九・四人（職員一人に対して利用者四・三人）が必要です。継続では定員四〇に対し職員四人（職員一人に対して利用者一〇人）が必要です。移行のほうが継続より二・三五倍多く必要になるのです。

職員の労働生産性に着目すれば、移行よりも継続のほうが有利になるのです。一人の職員が何人の利用者を担当することができるか、そしてその担当したことによりいくらの給付費収入と利用料収入が得られるかを比較すれば、移行が四・三×七六九で三三〇七となり、継続は一〇×四八一で四八一〇となるのです（あくまで労働生産性です。ここでは職員の仕事の中身や事業の中身については比較していません。また日割りによる利用率についても考慮していません)。

利用単価を眺めれば、利用者にとって割高に思える移行であっても、職員配置基準を点検すれば、継続と比較しても手厚い支援が可能になるのです。

「一日あたりの利用料の金額の安さ」と「二・三五倍手厚い人員配置」とのどちらを動機付けに使用するのか、障害者施設の施設長にとって熟考すべきポイントといえるでしょう。

3 利用者を集めることを常に意識する

あなたの事業所を地域一番店にしよう

障害者福祉サービスの業界では、障害者自立支援法による影響が大きいという声がたくさん聞かれます。しかし、実は今現在直面している問題の多くは、障害者自立支援法がたとえあってもなくても、対処しなければならないことではないでしょうか。自分が現在直面している問題を、知らず知らずのうちに法律のせいにしてはいないか、という点検が必要です。例えば二〇〇六年四月から報酬の日割制が始まりました。簡単にいえば、利用者がサービスを利用しない日については、事業者は報酬を得られないという制度です。このことに対する問題点はいろいろあります。が、そのなかから一つ。事業者は利用者の利用歩留まり（定員数に利用者数が届かないこと。病気になったり、他の用事で休んだり、入所施設の場合は帰省したり入院したりすることによります）による報酬減に対抗するために、定員以上の障害者と利用契約を締結することができます。日中サービスの場合、二〇〇八年四月から三か月平均で定員の二割五分増までならば、一日につき最大定員の五割増まで受け入れることができます。

しかしこれを超えたらどのようなペナルティがあるかといえば、まるまる一月分の報酬から三割がカットされます。一か月五〇〇万円くらいの報酬を得ている事業所ならば一五〇万円減らされるというペナルティです。とても厳しい内容です。これはどういうことを意味しているかといえば、今後、事業所では「満員御礼」すなわち本日は満員なのでまた次回ご利用をお願いします、という利用お断りの事態が発生するということです。

障害者施設の場合、事業者は障害程度を理由に利用拒否をすることはできません。主たる対象者を限定した場合など一定の場合だけに利用拒否は限られています。この一定の場合に「定員オーバー」というケースが含まれてきます。障害者に向かって「毎日利用しないあなたが悪い」なんていう事業所が今後出現します。がしかし、現在多くの事業所は、このような事態になるなんて思っていません。むしろ、利用者としての障害者が定員を上回るほど集まるか、という心配をしています。

それは福祉サービスの利用者・消費者である障害者が地域にいないと思っているからです。なぜ自分の提供するサービスを利用する障害者の姿が見えていないのでしょうか。ぜひあなたもここで考えてみてください。答えは簡単です。

集めようとしていないからです。今まで「紹介」（行政の措置がその典型です）だけに頼るビジネスを続けてきたからです。お客様を、いえ正確に言えばお客様候補者（見込み客）となる障害者や高齢者を集めようとしていないからです。だから見えないのです。

そして「集められない」と嘆くならまだ改善の余地があるのですが、「いない」と結論づけてしまうと次なる展開が全く困難になってしまいます。

福祉に限らず事業展開をするには、「集客」が一番大切な要素になります。私の心から尊敬するある施設の理事長先生は、「お客様が来ない家は隆昌しない。お客様がたくさん集まる家、施設にすることが大切」とおっしゃいました。名言です。見学者が一人も来ないような事業所では先が見えない、ということです。あらゆる意味で外からのお客様を招き入れるような家、事業所にしなければいけません。

このように集客をするシステム、あるいは家風、社風、事業所の雰囲気、施設の姿勢が、「介護保険法」「障害者自立支援法」になって、特に重要な要素に見えるようになりました。しかしこのことは本来、介護保険や自立支援法があってもなくても大切なことでした。今になって利用者の掘り起こしが大切になったと感じているようではいけないのです。

ビジネスの本当の基本は、売上でもなく、効率でもなく……「集客」です。

高齢者、障害者、そのご家族、企業そして地域住民が「あるサービス」の利用（あるいは消費）

を検討するときに最初に想起する事業所・商店こそ「地域一番店」です。あなたもその提供するサービスにおいて、地域一番店になることを目指しましょう。

一番客のさらに上をいく「最高客」とは……

ところで、一番客のさらに上をいく最高客とは、どういう人であるかご存じですか？

一番客のさらに上をいく最高客とは、自分のことです。あなたのことです。自分を満足させる仕事（サービス・商品の提供）が究極なのです。自分を満足させることは、他人を満足させることより難しいことです。だから、仕事に打ち込むその自分を好きになって信じることで、自分のミッションが大きく育つのです。

ミッションとは自分自身の「使命」のことですが、自分の使命とは自分にとって一番好きなことです。大好きなことなのです。これは意外と勘違いが多いところでもあります。つまり自分のミッションとは、自分が苦労しながらいやいやながら果たすことであると勘違いする人が多いのです。このように勘違いする人は、自分を悲劇のヒーロー、ヒロインになぞらえたがります。しかしながら、自分が逆境に立たされていると考えているうちは、自分のミッションを見つけているとはいえません。ミッションとは、自分が大好きでやることなのです。

その大好きなミッションを果たすことでしか、誇りは生まれないのです。自分が好きなことを、自分が満足できるレベルで取り組むことが、自分の使命を果たす本当の姿です。このことから「あなたの事業所を地域一番店にしよう」という言葉の意味は、職場でともに働くスタッフが一番仕事に満足している事業所にしようということなのです。

お客様を満足させるのは、仕事に満足しているスタッフにしかできないことです。また、お客様の満足とスタッフの満足は同時に実現することなのです。だからスタッフの仕事の満足をかなえるようにすることで、自動的にお客様の満足を獲得することができるといえるのです。

ただし、一つだけ注意すべき点があります。「地域一番店にする」は、あくまで願望であり、目標そのものにはなり得ません。「地域一番店にする」ために、今日は何をするかが、あなたの施設のすべてのスタッフに共通した理解がなされなければ、具体的な行動で成果をあげることはできませんし、その評価をすることもできません。目標は測定可能でなければならないからです。「地域一番店」というスローガンとは別に、具体的な「目標」が必要になることを忘れないでください。

4 新規事業の種まきをする

新規ビジネスの七つのポイント

福祉本業での収入確保が従来のような水準で期待できない以上、別の収入先確保が必要になることは第1章の1（二一ページ）でも書きました。

社会福祉法人・福祉サービス事業者としての本業は、福祉事業として社会のセーフティネットの役割をもつため、確実に遂行しなければなりません。加えて、スタッフに十分な給料を支払えない事態を招くわけにはいかないのです。そこで、福祉の本業においては「集客」を主たる目的とし、別の部分で「収益」を図る構造をもつ必要があります。収益を図るための新規ビジネスに取り組む際のポイントについて、まとめてみます。なお、この着眼点は障害者支援の領域における高い工賃を支払うための新たな作業科目（授産科目）を検討する際にも役立ちます。

1　導入期・成長期のビジネスを選ぶ

図1 ビジネス・商品のライフサイクル

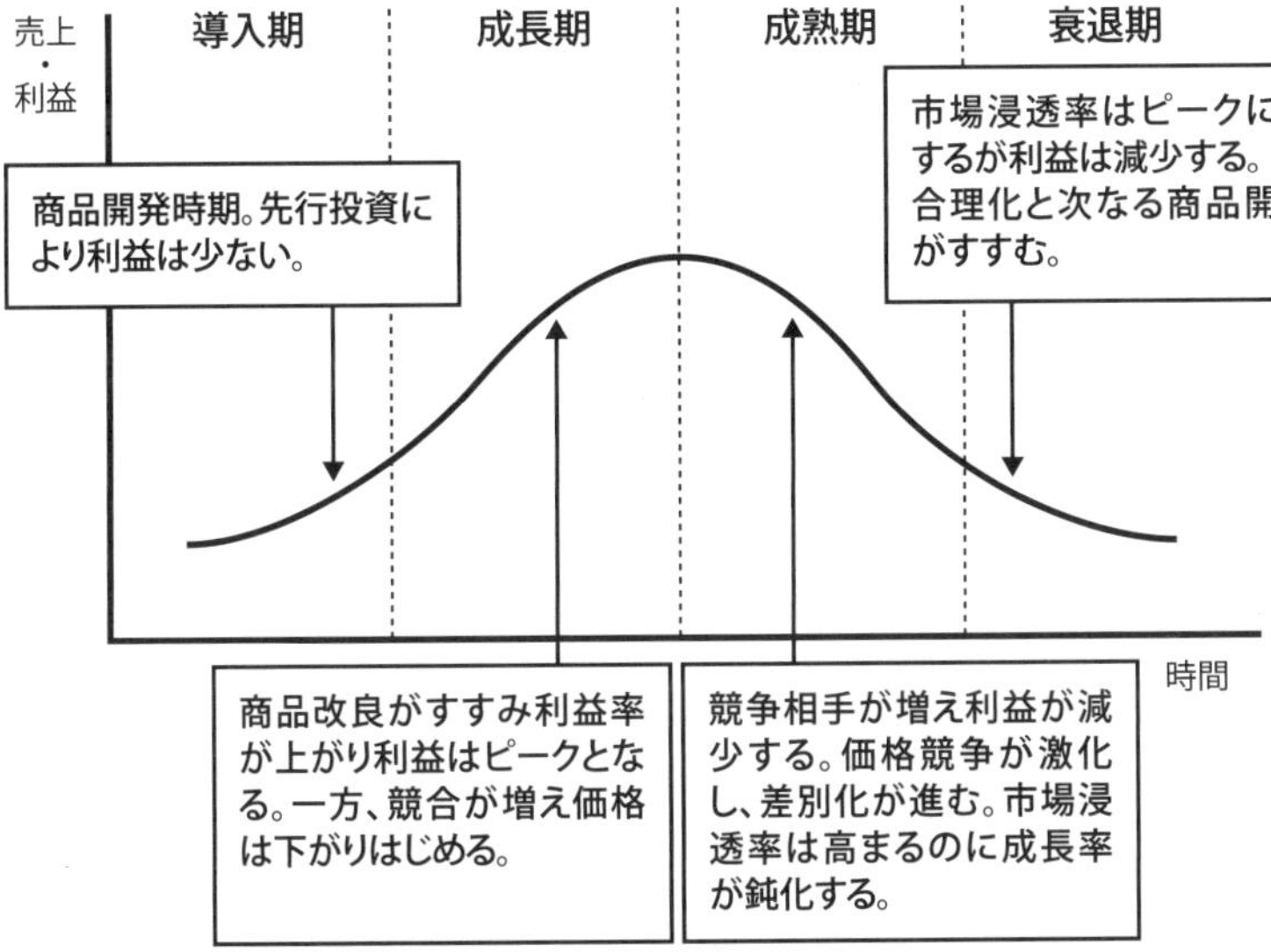
売上・利益
導入期
成長期
成熟期
衰退期
時間
商品開発時期。先行投資により利益は少ない。
商品改良がすすみ利益率が上がり利益はピークとなる。一方、競合が増え価格は下がりはじめる。
競争相手が増え利益が減少する。価格競争が激化し、差別化が進む。市場浸透率は高まるのに成長率が鈍化する。
市場浸透率はピークに達するが利益は減少する。合理化と次なる商品開発がすすむ。

どのようなビジネスも導入期、成長期、成熟期、衰退期という経過をとります。どのような商品・サービスにもライフサイクルがあります。福祉本業はこのように明確なライフサイクルはないように見えますが、実は「入所施設」は成熟期を超えて衰退期に入った福祉事業、一方グループホームは「成長期」に入りかけた福祉事業といえます。

新規参入を考えるときには、導入期の最後から成長期にかけて伸び始めているビジネスを選択します。マーケット浸透率でいえば一〇パーセントから二〇パーセントくらいの段階です。

あなたは携帯電話を使用しているでしょうか。おそらく一〇人中九人はお持ちではないかと思います。私の勤務する施設でも「職員緊急連絡網」を作成するとスタッフ全員が携帯電話の番号になります。つまり一〇〇パーセントが所持しているわけです。

ということは、携帯電話市場は飽和状態であり、先ほどの区分でいえば、衰退期に入っています。だからこれからのビジネスとして、携帯電話の販売代理店という選択肢は考慮外・想定外になります。

しかしそれでも十年近く前なら、無料で携帯端末を配るだけで販売代理店へのマージンは一台あたり数万円になったのです。

携帯電話市場は飽和状態ですが、現在携帯電話はインターネットブラウザーとしての機能が急速に高まりつつあります。すでに二十代以下の人たちは、インターネットへの接続はパソコンよりも携帯電話でする人のほうが多いのだそうです。このような携帯電話ならぬ携帯端末という見方をするなら、携帯市場の意味合いが変わってきます。市場に対する評価が衰退期から一気に成長期に様変わりします。

同様なことが福祉の世界にはないだろうか、と考えていくことが大切です。入所施設というのは衰退期かもしれません。施設入所者の地域移行が時代のトレンドだからです。しかし時代のトレンドだからとはいえ、入所施設利用の需要が失われたとは思えません。このトレンドに関しては国の政策レベルでつくり出されたものだからです。

だとすれば、入所施設をどのような形で再評価すれば成長期の市場に変化させることができるのか、というように考えていく視点が大切になるのです。

2　投資回収が五年以内のビジネスを選ぶ

投資回収が五年以内、できれば三年以内となるような事業計画が立案できる事業を選択します。

従来福祉業界では、新規事業に補助金を活用する手法が多く用いられてきました。補助金事業は見方を変えれば、ビジネスアイデアと初期投資資金がセットで手に入るので、とても効率的なものです。しかしビジネスのスピードを意識するならば、補助金活用以外の方法を模索する必要があります。福祉業界に「投資」という意識が希薄であるとすれば「補助金制度」によって目がかすんでしまったからです。

銀行からの投資資金借入を検討すべきです。新規ビジネスにおいては、銀行の融資担当者が一人目のお客様です。このお客様を納得させられないビジネスは、市場のお客様を多く獲得することは困難でしょう。

3　特定の専門職にしかできないビジネスはできるだけ避ける

すべてビジネスには「人件費」が必要です。もちろん人件費は経費ですが、人件費を経費ととらえるか、投資ととらえるかがビジネスの成長性の判断ポイントです。そのビジネスにおいて、投入した人件費分をそのスタッフが稼ぎ出すならば、それは投資です。福祉の現場においては、一人の人件費分に見合う（または超える）報酬を獲得するのに、そのスタッフはどれだけの仕事をすればよいのでしょうか。このような発想で経営数値をスタッフに伝える必要があります。ここでは、特定の専門職を抱える必要のあるビジネスは、コスト増の危険性が高いということを覚えておいてください。ちなみにこのコストには、リクルート費用（求人費用）が含まれます。

4　新規ビジネス担当者は専任にする

新規ビジネスの立ち上げには想像以上のエネルギーが必要になります。一人のスタッフが本気で取り組む迫力が、新規ビジネスの立ち上げには不可欠です。現在重要なポストで活躍しているスタッフの余力を活用しようとして、新規事業開発責任者を兼務させると意外に効果が上がらないものです。

スタッフに余裕がないことはどの事業所にとっても同様の悩みであるし、所与の条件といえるでしょう。だからこそ、人財投入の決断（優先順位の決定、戦略決定）が重要性をもつのです。どこに優先的に人員配置をするか、というのは最重要の戦術ポイントです。

新規ビジネスが成功するかどうかは、そのビジネスの立ち上げに何人のスタッフを配置できるかにかかっていると言っても過言ではありません。そしてスタッフ配置は施設長の専決事項のはずです。施設長がどう判断するか、で決まるのです。

ちなみに障害者支援の領域における「就労支援」には、専任のジョブコーチが欠かせません。施設・事業所に何人のジョブコーチがいるかによって、就労支援の実績に明確な差が生まれます。実績を出したいならば、専任のスタッフを配置することです。どこよりも高い実績を残したいという戦略を立てたならば……どこよりも多い人数のスタッフを配置するという戦術が自然にとれるはずです。

専任スタッフをどこに集中して配置するか、このような決断と実行は施設長がします。

5　アウトソーシングを活用する

新規事業に限らず、アウトソーシング（外部委託）は重要です。施設長にとって、自分自身で遂行するよりもよりよい効果が得られると確信するものについては、アウトソーシングや権限委譲をすることが常識です。特に新規ビジネスに関しては、自社ですべてまかなうことを狙うのではなく、むしろ外部委託を積極的に導入すべきです。

福祉本業では、アウトソーシングがなかなかなじみません。多くの施設・事業所では外部委託が特定の分野でしか実施されないので、結果的にアウトソーシングを活用する力は他産業に比べて弱くなっています。新規ビジネスを通じてアウトソーシング力を身につけるという視点をもつこともまた、施設長にとっては重要なのです。

アウトソーシングに関して、もう一つ重要な視点は、委託先企業との共存共栄です。アウトソーシングすることは自事業所にとって効果があることはもちろんですが、外部の受託企業もまた潤うのです。いわゆるＷＩＮ―ＷＩＮの関係がそこにつくり出せるのです。

自事業所だけでなく、関連企業と共に繁栄していくという意識をもって新規ビジネスの開発をするという情熱が大切です。

6　本業との関連性を意識し信用を傷つけないビジネスを選ぶ

本業で活用している経営資源、つまり人・物・金・情報・時間をそのまま活用できるところにターゲットを絞って、新規ビジネスを選択することがポイントです。

具体的には、今の本業で力を発揮しているスタッフを水平展開させて、本業以外で力を発揮できる分野はどこか、という発想。今の本業で所有している機材や場所（スペース）を活用できる分野は何か、という発想。今のスタッフがそのまま顧客になる事業分野は何か、という発想。今の顧客や取引業者がそのまま顧客になる事業分野は何か、という発想。今の本業で提供しているサービスをそのままターゲットを大きく変えて、別の顧客層に提供できないかという発想。このような視点で検討することが重要です。

福祉本業以外に新規ビジネスを追求する理由は、残念ながら福祉本業では、収益の深掘りが困難になっているからです。しかし福祉本業での本来の企業理念は確実に堅持しなければならず、それは社会のセーフティネットを果たすという使命があるからです。したがって福祉本業の持続性を傷つけるというリスクを冒してまで収益を図る新規ビジネスに手を染めるべきではありません。風俗関係や深夜酒類提供営業やギャンブル関係のビジネスは、たとえ高い収益性が見込めたとしても本業の信用を傷つけるおそれが高いので注意が必要です。

特に社会福祉法人の場合、本業は法人税が非課税ですから、そもそも事業で収益を上げたことによって「納税」することに慣れていません。新規ビジネスを追求するときは、どんな事業を行っても非課税になるというわけではないので、事業計画立案の際には、このことを十分検討する必要があります。場合によっては別法人（株式会社やＮＰＯ法人など）を設立することを検討します。

7　集客マーケティングに経営資源を最大限に投入する戦略を立案する

福祉本業には、従来「集客」力が不要でした。需要超過の市場であったので、特段の経営努力をせずとも利用者確保には苦労がなかったのです（あくまで顧客確保が簡単であったということであり、提供サービスの創意工夫にはどの事業所も苦心してきました）。

新規ビジネスを立ち上げるにあたり、そのビジネスで提供する（販売する）商品・サービスをどのように販売していくか、という視点を最初から確実にもって、そのために経営資源を最大限に投入しなければならないのです。

お客様を集める、利用者を集める、ということが一番弱点になりやすいということに気づく必要があります。厳しい言い方をするならば、今まで施設・事業所にお客様がたくさん来てくださったのは、そこで提供されるサービスがよかったからではなくて、他に選択肢がなかったからに過ぎないのです。

新規ビジネスは、福祉施設にとっての新規ビジネスでも、消費者にとっては特別目新しいものではないかもしれません。だとすれば、しっかりとお客様を集める、つまりマーケティングを事業計画のなかに含めなければならず、そのための経営資源（もっと簡単に言えば予算）を割り当てなくてはなりません。

新しい商品を開発してその生産力をつけるだけでは不十分なのです。その商品を消費者に知らせていく広告・宣伝にお金をかける必要があります。そのための予算を事業計画のなかに含めなければならないのです。

5 「権利擁護」を施設・事業所の長所＝ＵＳＰ（unique selling proposition）にする

自分が虐待していることを前提にしよう

あなたの施設・事業所がどのように育っていけばよいのか、を具体的にイメージすることで目標設定ができますから、そのためにお客様の声に耳を傾け、スタッフの能力に目を向けるのです。

さらに自分の施設が他のどの施設とも異なる長所（これをＵＳＰ：unique selling proposition と

いいます。独自のセールスポイントのことです）として、ぜひ念頭に置いていただきたいのは、権利擁護です。つまり権利擁護の取り組みにおいて群を抜くには、という発想をぜひしていただきたいのです。

ＵＳＰとは、「このお客様は、他にもいろいろなサービス事業者があるのにどうしてあなたのサービスを選択しているのでしょうか」という問いに答えることで見つけていくものなのですが、権利擁護の側面からの答えを必ず含めることが必要です。これが欠落していたのでは、社会福祉事業に携わる資格を問われることになるからです。

そんなこと、当たり前ではないか、と言われてしまいそうです。しかし、例えば虐待をしてやろうとして虐待をする人はいないし、第三者から見て虐待をしている人でも、当事者に虐待をしている意識はないのです。ではどのような意識をもっているのでしょうか。おわかりになりますか。

目の前の相手、利用者のためを思ってしているのです。周りから見ていると判断基準が大きくずれている、狂っているとしか思えないことでも、当事者の意識のなかでは、このことをしっかりとしてもらわなくては、このことを今躾けなければ、という思いがわき上がっているのです。

だから虐待とは、こちらの判断基準を相手に押しつけること、こちらの都合あるいは「思い」を相手に押しつけることなのです。こちらの都合で仕事を部下にさせることは「パワーハラスメント」となりますし、こちらの価値観や美意識で異性の相手に対して振る舞うことは「セクシャルハラスメント」となります。

自分の都合、いいえ、自分の思い・信念にもとづいて相手のためにと思うとき、その思い・信念がたとえどんなに純粋であっても、その思いがわき上がるときに、同時に虐待の芽が生まれるのです。そして知らず知らずのうちに、その芽を育て始めてしまうのです。そして「自分の介護や支援を通じて、相手が自分の思い・信念を受け入れてくれた」という喜びは、虐待の芽を育てる格好の肥料となるのです。

だからまず自分が虐待をしていることを前提にすべきです。もしもあなたが、今までに虐待のマスコミ報道を聞いて、世の中にはとんでもない職員がいるものだ、とあきれたり、怒ったり、悲しんだりしたことがあるならば、それはあなたも虐待をしている証明となります。

すべての施設スタッフは、施設長も含めて「虐待」をしています。すべての人間は「虐待」をします。だからその虐待から決別することが大切なのです。虐待と決別することは、人間としての使命です。しかし「虐待をしているか」「虐待をしていないか」という問いは無意味です。

「私は自分の都合を相手に押しつけていないか。自分の価値観を相手もそのまま受け入れるべきだと考えていないか。そのほうが、結局相手にとってもプラスになることであり、今は理解できなくても将来必ず理解できるときが来るはずである、自分の振る舞いは必ず感謝されるときが来るはずである、と思い込んでいないか。このときが虐待の芽の出ているときであり、その芽を摘む訓練と努力はどのようにしているか」と問うべきなのです。

三つの眼を意識しよう

利用者が、高齢者、障害者、子どもであれば、自分の権利を正当に主張できないことがあります。その前提で、自分の仕事、自分の提供しているサービスが三つの眼に耐えられるかどうか常に考えてください。三つの眼とは「利用者の家族の眼」「専門職としての仲間や後輩、上司の眼」「あなた自身の家族の眼」です。

あなたが、仕事の現場で利用者に向けているまなざしは、実際に目の前にいる利用者にだけ見られているのではなく、そのすぐ隣でこの三つの眼が見ているとイメージしてください。

利用者（高齢者、障害者、子ども）の家族がその場にいても同じような言葉遣いや顔つきでいられますか。あなたの職場の（特に同じプロ専門職としての）仲間や後輩、上司がその場にいても同じような言葉遣いや顔つきでいられますか。特にあなたの子どもの前で、これがお父さんのプロとしての仕事だよ、これがお母さんの専門職としての仕事なのよ、と胸を張って見せられますか。

イメージしてください。

もしも見せられないとすれば、あなたは間違いなく「虐待」真っ最中です。大切なのは専門的スキルであることは当然ですが、優しく礼儀正しい言葉遣いと（これが最高に大切なのですが）笑顔です。「笑顔がつくれない」「笑顔が見せられない」というのは、福祉の現場においては「虐待」なのです。

この項は、「虐待」を「差別」に置き換えて、もう一度読み返してください。

6

情報発信をしよう
——情報発信とは情熱のアウトプットである

権利擁護のための情報発信

施設長の使命として、情報発信することは、とても重要なことです。
施設長の思いは、他者に伝わってこそ完成するともいえるでしょう。施設長の思い、それはとりもなおさず自分の施設をこのようにしたいという目標のことですが、その達成のためにはできるだけ多くの協力者を集めなければなりません。一人で取り組むよりも複数で取り組むほうが早く達成できます。そして複数で取り組むときになによりも大切なことが、目標を共通認識することなのです。

その目標を共通認識させる役割こそ、施設長の役割であり、それが情報発信に他ならないのです。したがって情報発信とは、施設長の情熱のアウトプットのことです。情熱があるならばアウトプットせずにはいられないはずです。

アウトプットの前提として、一定量のインプットが必要です。天才的な創造力をもたない限り、情報のインプットなしに、情報発信は難しいものです。インプットは、外部情報と情報の受容力（センス）との積（かけ算の答え）ですから、外部情報にできるだけ多く触れるとともに、その外部情報を精査する能力（大切な情報なのか無意味な情報なのかを見分ける能力）を高めることが必要になります。

この情報の受容力は、まず外部情報に多く触れることによって高めることができます。多く読書をしたり、セミナーに参加して講師の話を聞いたり、さまざまな施設を訪問して現場を視察したり、たとえ仕事に関係ないようでも芸術や芸能、文化遺産に触れるなど、自主的・能動的に行動することで高めることができます。読書をたくさんする人のほうが、よい本であるかないかを判断する眼が高いということです。

と同時に、インプットした情報をもとに自ら情報発信し、アウトプットすることを通じて情報の受容力を高めることができます。たとえ最初は稚拙であっても、まずは情報発信をすること、自分の思いを相手、第三者に伝えていく努力を通じて、受け取った情報の精度や重要性を判断できるようになるのです。

また情報によっては、利用者の権利擁護（知る権利を保障する）のために施設長が発信しなければならないものがあります。

後期高齢者医療制度は、二〇〇八年に彗星のように現れました。少なくとも私にとってはそうでした。私が勤務する施設の利用者に後期高齢者はいませんでしたし、私自身も違いますし、私の同居の家族にも後期高齢者はいませんでしたから、全くこの制度改定に関する情報を知りませんでした。

しかし、もし自分の経営する施設の利用者や、その利用者の家族（利用者の家族もまた重要な顧客である、と感じるセンスが大切なのです）に後期高齢者がいたならば、この制度の問題点をお知らせするにとどまらず、むしろどのように制度を活用したら（受け入れたら）よいのかという情報は、誰よりもわかりやすく伝える義務が施設長にはあります（「これに関連する情報は区市町村の高齢者福祉課に聞いてください」という案内では不十分です。全くないよりはよいのですが……）。

これこそ施設長が担うべき「権利擁護」の具体的内容です。権利擁護とは、スタッフや利用者に向かって「権利擁護が大切です」と言うことではなく、この場合は、利用者が生活していくうえで必要不可欠なその医療制度に関する情報を適時に伝えることです。

同じようなことがまた起ころうとしています。かつての老人病院（療養型病床群）は、医療保険が適用される医療療養病床と介護保険が適用される介護療養病床に分けられます。患者がどちらを利用するかは病院側が決めています。

この介護療養病床は、現実には医療や看護をほとんど必要としない利用者が多いことから給付費の無駄が指摘されており、二〇一二年三月までに廃止されることが決まっています。社会的入院の解消という意味も背負わされているのです。これにより介護療養病床を追われることとなる利用者を、介護老人福祉施設（特別養護老人ホーム）や介護老人保健施設・介護療養型老人保健施設がすべて受け入れられるわけではありません。行き場を失うこととなる利用者を介護療養病床を運営する医療法人がすべて受け入れることはできないのです。放り出される可能性があります。

行き場を失うこととなる利用者を介護老人福祉施設に受け入れてほしいところですが、現在の利用者数約四〇万人とほぼ同数の待機者がいるうえ、二〇〇五年以降、事業者に対する国の施設整備費補助金（建設補助金）制度が廃止され、特別養護老人ホームが劇的に増床するには、自治体の相当の取り組みが必要となります。医療法人にも特別養護老人ホーム事業への参入を認める方向がみられますが、まだどうなるかはっきりしません。

いずれにしても、介護療養病床廃止の事実は、周知されていません。二〇一二年四月になってから、介護療養病床全廃（と医療療養病床の削減）が突然知らされて、立ち往生する利用者たち」というニュースが出回るようであってはならないのですが、「対応に苦慮し、後期高齢者医療制度の事例から推量すれば、同じようになる可能性が高いのです。

だからこのような情報の発信を、ぜひ施設長が行わなければなりません。患者・利用者に不安感をもたらす制度改変であっても、施設長が提供する情報は、患者・利用者にとって安心と希望を届けるものでなければなりません。

介護療養病床全廃の情報が知らされていないことによる混乱を回避する責任は、施設長にもあります。後期高齢者医療制度の導入時の混乱の責任の一端も施設長にあったと考えましょう。

障害者福祉の領域であっても二〇〇五年に障害者自立支援法が国会で成立したときに、二〇〇六年に自立支援法を施行させることとともに、「施行後三年を目途として」見直しをすることが付帯決議されました。二〇〇九年には、これを受けて障害者自立支援法が改正される見込みです。そのために社会保障審議会障害者部会もその活動を二〇〇八年春に再開したのです。このような情報の発信も、やはり施設長が行わなければなりません。どんなに利用者に不安感をもたらす制度改変であっても、施設長が提供する情報は、利用者にとって安心と希望をもった将来設計にエネルギーを与えるものでなければなりません。

繰り返しますが、施設長の思いは、他者に伝わってこそ完成します。となると伝え方は、受け手に合わせる必要があります。自分の思いをどのように相手に伝えていくかは、当然自分流のスタイルでよいわけですが、自分がどのように伝えたかではなくて、相手にどのように届いたか、伝わったかに着目するならば、その伝え方にも気を配る必要があります。

例えばインターネットを活用したブログ、メルマガ、ＳＮＳは、インターネットを活用する世代に情報を伝えていくためには必須ツールといえます。自分流のスタイルで情報発信するだけならば、インターネットを無視することも可能です。しかし受け手にとってストレスなく受け止めてもらうには、これらの情報発信ツールを使うことも視野に入れてください。パソコンのキーボードよりも、携帯電話のボタンで入力する二十代以下の「親指世代」に伝えるには携帯電話を介することが不可欠になりつつあります。

第2章

集客力で経営実力をパワーアップさせよう

1

これが集客のためのマーケティングの基本の基本

支援の力と販売の力の成果は同時発揮される

高齢者介護サービスや障害者福祉サービスは、科学のフロンティアであり日々試行錯誤と実験検証の連続です。臨床心理学、行動分析学、認知症研究、脳科学、医学、自閉症に関するTEACCH理論などさまざまな研究の成果を援用、活用しながら、微々ではあっても日々前進を続けています。同時に高齢者介護や障害者支援は、困難の連続でもあります。会議室ならぬ現場で展開される対人サービスは、スタッフ個々のパーソナリティと顧客である利用者ご本人のパーソナリティとの関係性に、介護や支援の効果が大きく依存するからです。

このようにスタッフの専門性が大きく求められる福祉サービスの現場にあって、障害者福祉の領域（特に就労継続支援事業や旧授産事業）では、自立支援、特に「経済的自立支援」のためにスタッフに対して求められる専門性の一側面として「商売の成功と販売促進に関する系統的な知識・技術」

があります。この「販促に関する知識・技術」の修得とその実践は、「対人サービスの困難性」の名のもとにかすませてはならないのです。障害者に高い工賃を支払うために必要なスキルは、障害者の自立支援のためには不可欠な要素であり、介護や生活支援と決して対立するものではないのです。

実は、日常的な障害者支援の力（または質）と授産製品（一般消費者向けの施設・事業所の生産品・サービス等）の販売能力は密接な関係にあります。両方うまくいくか、両方ともうまくいかないかのどちらかです。障害者の生活支援に忙しくて販売にまで手が回らない、という言い訳はよく聞きますが、実態は販売がうまくいかない組織は生活支援もうまくいっていないケースがほとんどです。不公平に感じるかもしれませんが、世の中うまくいく組織は何をやってもうまくいくし、うまくいかない組織は何をやらせてもよい結果を生み出せません。それは、何ごとも目標を設定してその目標に向かって突き進む強い意志があるかないかによって結果が格段に違ってくるからです。したがって販売がうまくいかない、と悩む組織は、その目標設定の方法を身につけさえすれば、おのずと良好な結果が現れるようになるのです。

「福祉だけ特別」という発想は福祉だけ特別

ところで、もしあなたが「民間企業の顧客は一般消費者のみであるが、福祉施設（就労継続支援事業や旧授産事業）では「利用者とその家族」「一般消費者」という施設からみてサービスの方向性が異なる二種類の顧客が存在する」という考えをおもちならば、改める必要があります。

民間企業の顧客は、一般消費者のみではなく、株主（または、当該会社に資金を貸し付けしその返済能力維持を見守る金融機関、会社の安定発展を願う従業員や取引先等）がいます。決して福祉施設だけが重い枷《かせ》をはめられているわけではありません。

株主への配当は、銀行への利息返済と同様に非常に重要な要素であり、企業が不祥事を起こすのはこのためといっても過言ではないのです。ニュースでは同族会社（つまり家族やグループで株主の多くを占めている会社）の不祥事が大きく取り上げられますが、構造としては、一般消費者より株主の利益を優先した結果の不祥事です。なぜこのような不祥事が後を絶たないかというと、株主への配当の見返りで資本調達するしくみだからです。民間企業の社長（ＣＥＯ）は、事業を繁栄させ、一般消費者に受け入れられ、その結果として大きな収益を上げて、そのなかから次期投資資金と配当金（と銀行返済金）を確保するのが仕事ですから、実際に収益が上がらなくなると「日付を変更したり」「産地をごまかしたり」して収益を確保し、その結果不祥事を引き起こす（人が一部にはいる）のです。

ここで指摘したいのは、民間企業は単純だけれど福祉の現場は複雑で大変なのだ、という考え方は改めよう、ということです。授産施設は、授産事業で収益を上げて、工賃支払い能力を発揮して高い工賃を支払うことで「工賃収入を手にすることで幸せな人生を築いていきたい」と希望する障害者とそのご家族に幸せを届けるサービスをします。この福祉サービスと一般消費者へのサービスは同心円上のサービスです。サービスの方向性が異なることはないのです。授産施設だけが大変なことをしているのではありません。あなたの隣にいる民間企業でも同じような苦労をしています。みんな同じように苦労しながらもやりきっているのですから、あなたにも当然できるのです。

さて、先に「販促に関する知識・技術」の修得とその実践は、「対人サービスの困難性」の名のもとにかすませてはならない、と書きましたが、このことは実は障害者福祉の領域の授産事業に限ったことではありません。むしろすべての領域に共通する留意点なのです。

介護や支援が、大変なことなのだから（そしてそれこそが自分の専門であり、守備範囲であるのだから）、経営を成り立たせることやサービス利用率を向上させること、障害者に高い工賃を支払うことに共通する「マーケティング（お客様を集めるための手立て）」は、自分の専門外だ（だから自分の弱点でも仕方がない）と逃げてはいけないということです。「福祉だけ特別」という発想は、常に仕事がうまくいっていないときにわき上がるのです。

どうかこのことに気づき、そして覚悟を決めて読み進めていただきたいのです。

戦うからには必ず「勝ち戦」をしよう

販売促進は技術論であり、科学です。すぐに学べて、すぐに結果が出せます。しかし結果を出すためには、第一歩の「行動」を起こさなければなりません。その行動の一歩を踏み出せば「勝ち戦」となります。

「残念ながら」というべきですが、通常の福祉施設はこの一歩を踏み出せていません。一〇〇人中九九人まで、といえば言い過ぎのようですが、少なくとも九五人は一歩も踏み出していません。だからあなたがたった一歩でも踏み出せば勝てるのです。その一歩を踏み出した効果をすぐに実感できます。たった一段でも階段を上ったあなたは、誰よりも遠くを見渡せるし、誰よりも「二段目」に近づけるのです。

とはいえ販売促進のために行動したことが、すべて成功するわけではありません。プロ野球でも三割打者は一流です。つまり一流選手でさえ七割は失敗するのです。したがって、まず一歩を踏み出し、七割の失敗を覚悟できる人だけが三割打者になれるわけです。または七割の失敗を認める組織だけがトップグループになれるともいえます。一番の失敗は「売れない理由を探すこと」なのです。例えば生活面の介護や支援が手一杯で大変だと……。

儲けることは悪いことではない

商売の目的は「儲ける」ことです。儲けることに悪いイメージをもっている人は、本当によい商品やサービスを提供したことがない人です。考えてもみてください。あなたは今までに高い商品を買ったことがありますか。あなたにとって生涯で一番高い買い物は何でしたか。その買い物の「売り手」は悪人でしたか。今でも憎んでいますか。

本当に身体が震えるほどの感動をもって購入した商品やサービスは、「値段」とは異なる世界に存在します。儲けはお客様の喜びの対価なのです。お客様に誰よりもたくさん満足と感動を届けられた人が一番儲けられるのです。

それでも自分は、お金儲けのために商売をしているのではない、人を幸せにしたり安心や安全を提供したりするために福祉事業に専念しているのだと思うなら、まず儲けてその儲けをすべて寄付することを考えてみてください。どちらが福祉に貢献することになるのか、考えてみてください。

とかく福祉業界では、補助金や寄付金を受ける側に立つことが当然と思いがちです。当然と思うだけの福祉実践をしているのですから、胸を張って補助金や寄付金を受けるべきです。それを批判する気はありません。ただし、ときには寄付をすることを考える必要があります。自分の工夫で事業から余剰金が生まれたならば、それをどのように寄付をしたらよいのかを考えることです。

話を戻します。

特に私たちには、お金儲けを通じて、私たち自身が幸せになることの他に「利用者の自立に寄り添う」という福祉に携わる私たちだけの最大の強み（喜び）があります。私たちが儲けるのは私たちのためだけではなく利用者のためなのです。この強みは他の商人にはないものなのです。それゆえ、お金儲けのためにやっていない、という思いは、決して清廉ではなく、むしろ障害者の自立をないがしろにしていると自覚する必要があるのです。

お客様の行動心理と意識の成長を理解しよう

販促の技術を身につけるということは、すなわち「販売力を修得する・高める」ことです。商品やサービスの付加価値を価格以上に高めること（＝商品力を高めること）と販売力を高めることは別のことですから、ここではっきりと注意してください。

商品力が高ければ自然に売れるようになるわけではないのです。商品力を高めることは必要なことですが、それとは別に「販売力」を高めなければ売れるようにはならないのです。

例えばすばらしい内容のコンサートや映画、演劇であってもその内容だけでは劇場を満員にすることはできません。人を集める行為は、商品の質を高める行為とは別のところに存在するのです。

品質を全く重要視しないお客様がいる！

商品やサービスの品質は使ってみなければわからないので、固定客（その商品やサービスを使い続けている人）を除けば、お客様が商品購入を決定する第一の要因は「品質」ではないのです。むしろ「商品のイメージ（外見・ＰＯＰ・売り場・陳列）」です。

また、品質改良をするために「お客様は商品やサービスに何らかの不満を抱えているはずだから、よりよいものを提供すればよい」という思い込みに注意してください。消費者の意識をアンケートで調査すれば、改善点が見つけられると思い込むのは危険です。むしろ「お客様はすでにある商品やサービスに満足しきっている。だからわざわざ選択の苦労をしてまで変化したがらない」と考えるべきなのです。そこで、お客様の行動に変化をもたらす何かをしなければなりません。変化をつくり出さなければならないのです。ここでもポイントは「動機付け」です。

一つは、お客様に行動する理由を伝えることです。そのために広告・宣伝のスキルが必要になります。

もう一つは、変化を好む人を見つけていくことです。変化を好む人は必ずいます。そして、あなたの商品やサービスの信奉者になってくれます。他の人が購入していないからという理由だけで、あなたを選択してくれることさえあります。「変化を好む人が地域のオピニオンリーダーになりゆく手伝いをする」という視点もまた販促には有効な着眼点なのです。気をつけなければならないのは、アンケート調査という手法だけでは、変化をつくり出すことはできないし、変化を好む人を見つけることはできないということです。

いかに高く売るか（発想の転換）

「売れない」という現実から逃れたいという気持ちは誰にもあります。そこで、なんとか売るために安く売ろうという発想をしがちです。ところが「安さ」はお客様に対して品質の粗悪さをイメージさせることがあるのです。

自分の消費行動をよく考えてみれば、単に「安い」から買っているのではないことに気づくはずです。しかし販売者として、「売れない」という現実を前にしたとき、そこから逃れたい一心でつい「安く売る」ことにしがみついてしまうものなのです。

そもそも「安く」売ってよいのでしょうか。福祉現場のスタッフには利用者支援という本業がありますから商品やサービスの原価に「スタッフの人件費」は含めずにすみます。このこと一つ考えても、一般の商店より「安く売る」ことは容易にできます。しかし実のところ「安くしても売れていない」のです。多くの現場では、すでに安売りをしてしまっています。しかし売れていない。問題が価格以外のところにあると、早く気づかなくてはならないのです。

販売促進策をいろいろと講じるには、費用がかかります。目の前にお客様を連れてくるにはそれなりの費用がかかるのです。そしてその費用は、売上金で回収するのです。商店主ならばさらに売上金から生活費を稼ぎ出さなければならないのです。一方、福祉現場のスタッフは自分自身の生活費を稼がなくてもよい代わりに、利用者に工賃を支払わなくてはならないはずです。その支払われた工賃を基礎に利用者は生活し、また自立していくのですから。

福祉現場のスタッフが本当に考えなければいけないことは、実は「いかに高く売るか」です。利用者を一刻も早く自立させたいと考えるならば、できるだけ高く売らなければならないのです。ところが一般消費者のために安く売ろうとしているのです。「よい素材を使ってどこよりも安く」などと。いや、それだけならばまだいいのです、実のところは売れない現実から逃れるために安売りしています。安く売ることで割を食うのはスタッフではありません。利用者です。

もしも将来、あなたの目の前に支援を必要としている利用者がすべていなくなったら、つまり全員が自立し終えたら、その次こそ一般消費者のために「安売り」をしましょう。この順序を間違えてはいけないのです。

どうしたら買うのか（「発想の転換」の転換）

高く売るための工夫や商品・サービスに付加価値をつけようとする工夫や試行錯誤が重要です。ただし、ここでも大切なポイントがあります。商品・サービスの販売の現場でやってはいけないことは「どうして売れないのだろう」と考えることです。

高く売るための工夫をするときに「どうして売れない？」と考えてはいけません。なぜかおわかりになりますか。

「なぜ売れないいか」と発問（自問）すると、その発問に対する答えとして売れない理由を考え始めてしまうからです。売れない理由を見つけても改善に結びつけることは容易ではありません。また、たとえお客様目線に立ったとしても「なぜ買わないのだろう」と発問してはいけません。理由は同じです。買わない理由を考え始めてしまうからです。

だから正しい発問は「どうすればお客様は買うだろうか」です。このように発問すればお客様が買うために必要なサポートが販売促進策として自然に思いつくようになります。思いつけばそれを実践することはそれほど困難ではないのです。

さて、ここであなたにどうしても気づいていただきたいことがあります。前項で「いかに高く売るか」と書きましたが、実はこのように発想してはいけないのです。

正しい工夫のための発問は「どうすればお客様はもっと支払いたくなるか」です。

そして付加価値をつける工夫のための発問は「どうすればお客様はもっとほしくなるか」です。

お客様はこのように成長する

商売・事業に最も重要なことは何でしょうか。

経営の目的とも、ビジネスの究極の目的とも言い換えることができますが、それは「お客様の数を増やすこと」「新規にお客様を獲得すること」です。なぜかといえば、お金を払うのはお客様（の購入や利用しようという決意にもとづく行動）だからです。

「お金を払うお客様の数×払う金額＝売上高」

商売人として重要な視点の一つは、いくら売れたか（販売という自分の行為の検証）ではなく、お客様がいくら支払ったか（消費というお客様の行為の検証）に着目することなのです。したがって、すべての商売は次の流れに集約されるのです。

①見込み客を集める
②見込み客を既存客に変化させる（つまり成約させる）
③既存客を固定客（常連客）に変化させる

図1 お客様の成長

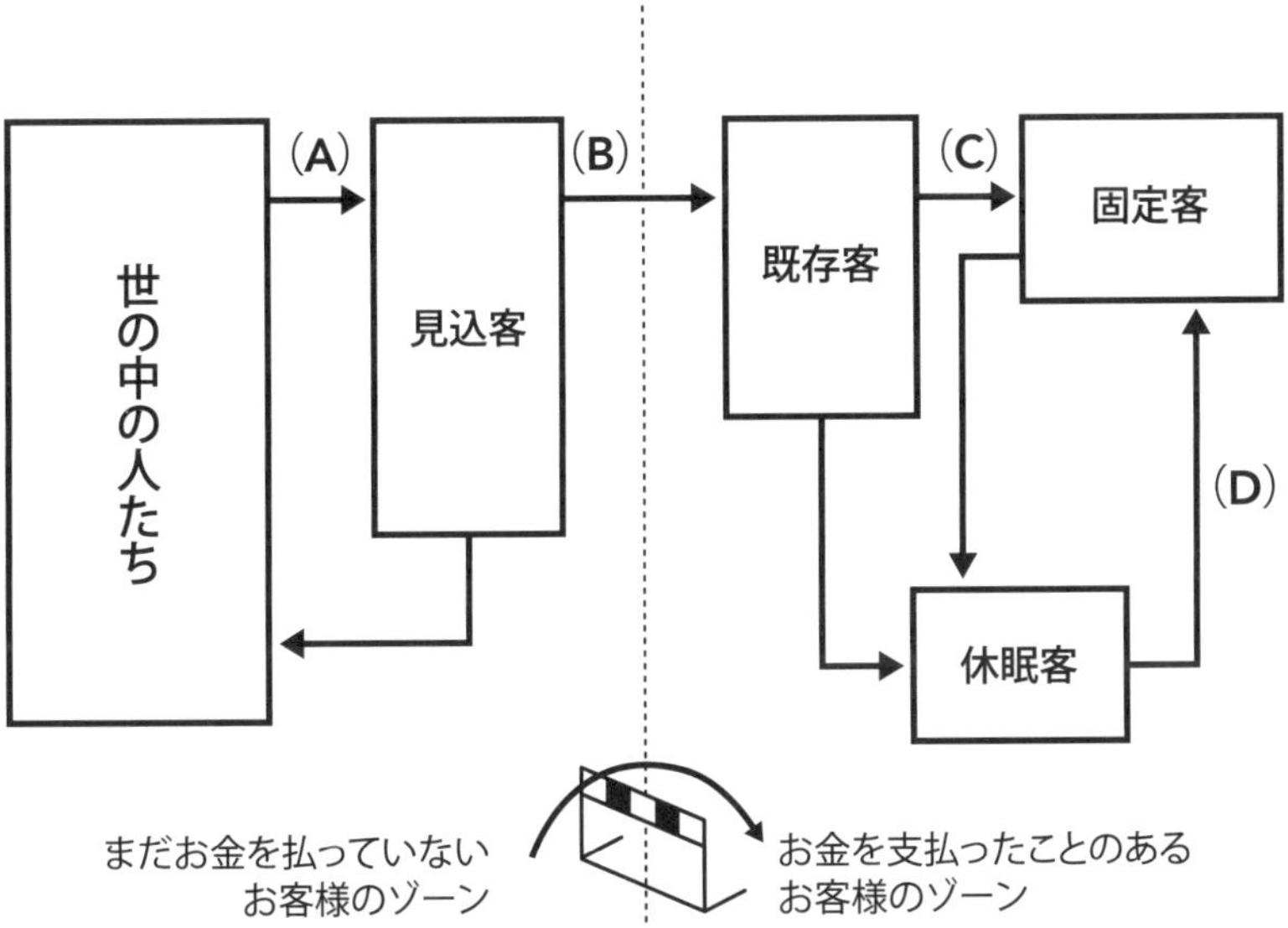

図1「お客様の成長」を参照しながら、お客様の成長していく姿をイメージしてください。悪徳商法はこれとは異なり、たった一度の取引でお客様の人生が壊れるほどのことをします。

見込み客・既存客・固定客

あなたは、この違いを明確に説明できますか。違いを理解しなくてはなりません。なぜならお客様の習性（あるいは行動の特徴）が全く異なるからなのです。

見込み客・既存客を世の中の人たちのなかから獲得する行為は「先行投資」です。したがって見込み客が増えること、既存客が増えることで直ちに収益が上がることはないのです。収益は固定客から得られるものです。

悪徳商法には固定客はいませんから（一部には自分が騙されていることには気づかず継続的に取引をする気の毒な方がいますが……）、最初の取引ですべての収益を

表1 進化（深化）のためのアプローチの一覧表

		(A)	(B)	(C)	(D)
機能	事業者から見ると	見込み客を集める	最初の取引を引き出す	継続的な取引を引き出す	再び取引を引き出す
	お客様から見ると	お店に入る 資料請求する	レジで購入する 発注する	何度も買う 定期購入する	購入再開する 再入会する
ポイント	事業者から見ると	行動をさせる	購入失敗に対する保証・安心感をつける	品質・文化によるプライドやブランド化を示す	特権を提供する
	お客様から見ると	自発的に行動する	お金を払う	生活習慣になる	よさを再認識する
具体例（小売業の場合）		チラシ・看板・タウン誌の小さな広告枠・イベント・芸能人・ショー・目玉商品	ＰＯＰ・接客トーク・陳列・店内装飾・パンフレット・カード・説明書・会員規程・目玉商品	マイレージ・サンキューレター・ニュースレター・ＤＭ	ＤＭ
企業による障害者雇用（機能）		障害者雇用の必要性を認識する	障害者を初めて雇用する	継続的に障害者を雇用する （経営能力が問われるようになる）	再び障害者を雇用する
障害者の企業就労（機能）		企業に就職したいという希望をもつ	採用試験を受ける 就労実習をする	就労し続ける （労働能力が問われるようになる）	再度企業に就職したいという希望をもつ

（作成　内藤　晃）

得ようとします。だからたった一度の取引で十分な利益が得られるようなビジネスモデルをつくっているのです。つまりぼったくりです。ここでいう十分な利益とは、次なる「カモ」を集めるための（つまり販売促進のための）費用をも十分に含んでいるという意味です。

見込み客・既存客の獲得が「先行投資」ならば、固定客こそが「投資回収」のための客層ということになります。あなたは、もう答えが見えてきたのではないでしょうか。

固定客を必要量確保できなければ、商売は成り立たないのです。だから販促の最終目標は「固定客を増やすこと」なのです。しかし、ある日突然、目の前に固定客が並んで登場するのではないのです。お客様は、固定客になる前は既存客であり、その前は見込み客であり、そのまえは見ず知らずの人であったはずです。既存客は固定客に変化する強い可能性をもつ客層です。見込み客は既存客に変化する可能性をもつ客層です。またこの変化は「祈り」からだけでは生じないのです。何が必要なのでしょうか。

「しくみ」が必要なことに気づこう

お客様を成長・変化させるには「しくみ」が必要なのです。

図1の矢印の（A）（B）（C）（D）に対応するアプローチを表1にまとめました。対照して見てください。見込み客を集めるとき（A）には、二つのポイントがあります。一つは見ず知らずの人を見込み客として集めるための工夫です。もう一つは集まった見込み客をその後に既存客に変化

させる仕掛けです。

見ず知らずの人が見込み客になるプロセスと、見込み客になったのち既存客から固定客に成長していくプロセスを初めにしっかりと計画しておかないと、せっかく費用をかけてイベントや広告で見ず知らずの人のなかから可能性のある見込み客を集めたとしても、その次につながらないのです。とても重要な留意点です。

福祉の世界でよく行われる「バザー」の最大の欠点はここにあります。「バザー」でお買い上げいただいたお客様に、次のお買い物をしていただくための仕掛けが欠落していることが多いのです。だからここであなたも考えてみてください。バザーの改善に必要な「次のお買物をしていただくための仕掛け」として何が必要になるのでしょうか。

話題を戻します。

見込み客を集める発想が初めに必要なのです。ここがスタート地点だからです。階段でいうところの一段目にあたります。一段目を上らないと二段目には届きません。見込み客しか既存客に育たないということです。

見込み客を集める難しさには、一つの特徴があります。それは「ニーズと価格と品質がよければ集客できる」のではないということです。「ニーズに合致し、安い価格でしかも品質がよければ、自然に集客できる」のではないのです。

お客様が集まるからその趨勢からニーズがつかめるようになり、ニーズがわかるから商品改良の方針が立ち、商品改良が進むから販売量が増え、売上が増えることで収益が上がるから、ここで初めて価格が下げられるようになるのです。

したがって、見込み客を集めるスキルの獲得が最初に必要になります。価格でも品質でもないところにあるスキルです。それは何でしょうか。

見込み客を集めるために必要なこと

それは広告・宣伝のスキルです。見ず知らずの人を見込み客に変化させるために必要な技術は「広告・宣伝」なのです。「見込み客を集める」を正しく表現するならば、「広告・宣伝で見込み客を集める」ということになります。

この変化に着目するうえでのポイントは、見込み客とは、自分から何かの行動をするお客様であるということです。見ず知らずの人が、新聞折り込みのチラシを眺めただけで見込み客になったとはいいません。自分から行動すること、すなわち電話をする、資料請求をする、来店するなど、何らかの行動を自らすることで、見ず知らずの人は見込み客に変わるのです。

これらの行動をしたくなる仕掛けが「広告・宣伝」のなかに仕組まれている必要があります。見ず知らずの人に向けて、見込み客に変わる行為をわかりやすく教えてあげる必要があるのです。これが「動機付け」です。

さらに大切なポイントがあります。それは、この見込み客に変わる行動とは、突きつめれば「お客様が自らのプライバシーを手渡してくれる」ことです。お客様が見込み客であるかどうかの見極めはどこでするかといえば、そのお客様が住所、氏名、電話番号、メールアドレスなどを教えてくれたかどうかなのです。

このことは恋愛になぞらえることができます。相手が自分に携帯番号やメールアドレスを教えてくれるのが第一段階です。この段階を経ないで恋愛が進行することはないのです。

お客様が「資料をください」と行動したとします。この行動に対してこちらが理解すべきは、このお客様が送り先である住所・氏名を教えてくれた（プライバシーを手渡してくれた）という要素です。恋愛と同様に、商売においてもここからスタートするのです。

既存客に変化させるのに必要なこと

すでに自ら何らかの行動をした見込み客であっても、見込み客というのは、まだ一度も買い物（取引・成約）をしていません。店内には入っても一度もレジに並んでいないのです。いわゆるウインドウショッピング客なのです。この見込み客に購入体験をさせる（B）（つまり既存客に変化させる）のに必要な技術の一つに「接客」「セールス」があります。

ゆっくり考えてください。大切なところです。見込み客がいないところで、セールスはできません。

見込み客は、自分から何かの行動をしたお客様です。何かの行動をした後の状態が見込み客です。だから何も行動をしていない人をつかまえてセールストークをしようとすると、その人はあなたの前から逃げようとします。しかし、第一歩の行動をした本当の「見込み客」へは、セールストークがとても大事になるのです。購入を決心する直前までの十分な情報提供が、見込み客の商品に対する欲求を高め、購買意欲を高めるからです。

見込み客になってから既存客に変化するまでの期間は、見込み客に何らかの情報（それは商品やサービスの特性に大きく依存するのですが）を提供し続けなければ、購入には結びつきません。特に購入後の安心につながる情報をたくさん提供することが有効です。

安心につながる情報とは何でしょうか。それは「お客様の満足の声」のことです。また、商品やサービスの購入後の生活の変化をイメージさせる情報です。自家用車の販促でも、自家用車の性能よりも購入後の家族生活の変化の情報を届けるＣＭがありました。この着眼点を参考にして、あなたの販売する商品やサービスを購入した人は、そのことによってどのような変化が生じるか、考えてみてください。このことをセールスの中身に含めることが大切なのです。

恋愛に例えるならば、彼女がメールアドレスや電話番号を教えてくれた（彼女が自ら何らかの行動をした）。しかしまだ一度もデートをしていない。そこで彼女が最初のデートに踏み切るきっかけは何かを考えることが、見込み客を既存客に変化させる技術と共通するのです。楽しいデートを予感させる情報と安心感です。

さて、図１の見込み客と既存客との間にハードルがあります。左側は「お金を支払っていないお客様のゾーン」でハードルの右側は「お金を支払ったお客様のゾーン」です。このハードルを跳び越えるエネルギーがお客様には必要であり、そのエネルギーを「安心」という要素で提供するのがあなたの役割なのです。

二回目につなぐのに必要なこと

初めてのデート。終盤にさしかかって考えることはただ一つ。「どうしたら次も会えるか」。あなたならそのためにどうしますか。一回目のデートのうちに二回目の約束をしますか。デートが終わってからすぐに電話やメールをして、二回目の約束を取り付けますか。

このようなことをお店の中でやるとすればどうなるのでしょうか。初めてのデートはすなわち、初めてのお買い上げ。その場でお礼の手紙やFAXができるように住所、電話番号やメールアドレスを聞きだしますか。それとも何もせずにそのままお帰りいただきますか。でも住所も電話番号もわからない人とどのように連絡をとったらよいのでしょうか。

ほとんどのお店は、このような情報を集めようともしていません。集めようとしているお店は、ただ「教えてください」と言っただけでは教えてもらえないから、会員カードの発行などいろいろな工夫を凝らして二度目以降の約束を取り付ける努力をしています。しかし九〇パーセント以上のお店は全くこういうことをしていないのです。必要性が見えていないのです。だからステディな彼女ができないのです。つまり固定客ができないのです。そして「ここにはお客様がいない」と誤った結論を出します。

「ここには女性がいない」と嘆く男性がそこにいたならば、「いやそんなことはないよ、あなたの気持ちをしっかりと伝える努力をすべきだよ」とアドバイスできるはずの多くの人が「ここには客がいない」と嘆く商店主に対して、「あなたの商品やサービスがお客様のニーズに合っていないからだよ」と慰めてしまうのです。

お客様のニーズに合っていないからではありません。お客様に届いていないのです。

顧客満足や商品品質の本当の役割

既存客を固定客に変化させる（C）ために必要であり、かつ固定客であり続けさせる（あり続けるからこそ固定客なのですが）ために必要なのが、商品の品質、サービスレベル、CS（customer satisfaction：顧客満足）です。

彼女が友だちに「何であんな男とずっと付き合っているの⁉」と聞かれたときに、説明する中身は「彼の品質」です。ニーズ（彼女自身の好み）や価格（彼の年収）ではなく、ここで初めて重点は「品質」に移ってくるわけです。品質に対する評価が、すなわち彼を選択している彼女の「審美眼（あるいは選択のセンス）」の現れになるからです。外観（ルックス）や価格（収入）だけでなく品質（性格や趣味や人生観）のよいものを選択しているという「誇り」が、固定客であり続けるためには必要になるのです。

固定客からは投資回収をしなければなりません。固定客であるかどうかは「収益性」で判断します。固定客を外に逃がさず、常にお客様であり続けていただくためのしくみとして、ここで初めて

「品質改善の取り組み」が重要になってくるのです。「品質のよさで顧客満足を高め、既存客を固定客に変化させ、安定させること」になります。

利用者の獲得と利用率アップのために

さて、あなたはこれから本当に大切なことが見えてきます。今まで、お客様の変化と成長を小売業のお客様（いわゆる消費者）の姿として見てきました。このお客様の変化を、いろいろな人や組織に当てはめてみるのです。そうすると、今までとは異なった景色が見えてきます。

まず、福祉施設・事業所において利用者を獲得し、利用率アップを図る場面を想定してください。そして私たちの福祉サービスを受け取る利用者をお客様の成長に当てはめてみましょう。

世の中には、たくさんの福祉サービスの利用希望者（高齢者・障害者・子どもとそのご家族）がいます。利用者のほとんどは施設利用を当初想定していません。つまり見込み客以前の状態です。

この利用希望者のなかから、福祉施設・事業所のサービス利用を検討する人・ご家族が生まれてきます。利用希望者に対する支援機関として、福祉事務所やケアマネ事業所、児童相談所などがありますので、これらを活用して利用を目指す動きが見え始めます。要介護認定や障害程度区分認定を受けることもあります。養護学校・特別支援学校や直接事業者と情報交換を始めるケースもあります。この段階は見込み客です。

この利用希望者のなかから、福祉施設・事業所とサービス利用契約を締結する人が生まれてきます。この段階になると、既存客です。一度目の取引（利用）があったからです。

福祉施設・事業所とサービス利用契約を締結し、実際にサービスを受けたこの利用者は、そのあと引き続き福祉サービス利用を継続するケースもありますが、なかにはとりやめてしまうケースもあるでしょう。この段階において、引き続き福祉サービス利用を継続している利用者が固定客なのです。

小売業においては、固定客が利益をもたらしてくれるのですが、福祉サービス事業においては、固定客が事業者の経営の安定に直接貢献するのです。

利用者が、福祉サービス利用に踏み切る前後は、このような過程を経るのです。福祉サービス利用という切り口からよく見ると、利用者はこのようにして成長します。福祉サービス利用においても、それぞれの利用者がどの段階にあるかによって、アプローチの方法が異なるのです。利用者が、サービス利用に対してどの程度成長しているかによって、アプローチの方法を変えなければならないのです。

また、いきなり世の中から固定客、つまり福祉サービスを継続的に利用してくれる利用者を見つけ出そうとすることは困難です。小売業で考えれば容易に気づくはずです。初めからお得意様で登場するお客様はいないのです。だから福祉サービス事業は、もちろん固定客となる継続的に利用する利用者を増やすことが最終目標なのですが、最初から固定客を見つけようとアプローチすることは間違いです。では、どのようにすればよいのでしょうか。

見込み客を集めるとは、多くの市民のなかから、福祉施設・事業所の利用を検討する人・ご家族を見つけ出すことです。そのための手法には何があるのでしょうか。それが広告・宣伝なのです。広告・宣伝で、福祉施設・事業所の提供するサービスに興味をもち、利用を検討したいと考えている人を見つけ出すのです。

障害者を雇用する企業も消費者？

次に、障害者福祉の領域における就労支援の場面を想定してください。そしてお客様の成長を「障害者を雇用する企業」に当てはめてみましょう。

世の中にはたくさんの民間企業があります。民間企業のほとんどは当初、障害者雇用を想定していません。つまり見込み客以前の状態です。

この民間企業のなかから、障害者雇用を検討する企業が生まれてきます。事業主に対する支援として、障害者試行雇用（トライアル雇用）事業、特定求職者雇用開発助成金、特例子会社等設立促進助成金、事業協同組合等障害者雇用促進助成金など各種助成金がありますので、これらを活用して法定雇用率の達成を目指す動きが見え始めます。ハローワークや地域障害者職業センターや障害者就業・生活支援センターと情報交換を始めるケースもあります。この段階は見込み客です。

企業にとって、「労働力」は生産のための資源・原材料の一種ですから、労働力を調達すること、すなわち雇用は生産資源の調達ということになります。原材料の購入です。企業は生産者ですが、労働力調達（労働者雇用）という側面では、消費者なのです。まだこの段階では検討しているだけで実際に雇用をしていませんから、見込み客の段階なのです。

この民間企業のなかから、障害者雇用をする企業が生まれてきます。職場適応援助者（ジョブコーチ）支援事業を活用するケースもみられます。この段階になると、既存客です。

つまり一度目の取引（雇用）があったからです。この障害者雇用を実施した企業は、そのあと引き続き障害者雇用を継続したり、拡大したりするケースもありますが、なかにはとりやめてしまう（解雇してしまう）ケースもあるでしょう。この段階において、引き続き障害者雇用を継続している企業が固定客なのです。

小売業においては、固定客が利益をもたらしてくれるのですが、障害者雇用においては、固定客が障害者にとっての安定した就職と法定雇用率のアップに直接貢献するのです。民間企業が障害者雇用に踏み切る前後は、このような過程を経るのです。障害者雇用という切り口からよく見ると、企業はこのようにして成長します。

障害者就労支援においても、それぞれの企業がどの段階にあるかによってアプローチの方法が異なるのです。企業が、障害者に対してどの程度成長しているかによって、アプローチの方法を変えなければならないのです。また、いきなり世の中から固定客、つまり障害者雇用を継続的に行ってくれる企業を見つけ出そうとすることは困難です。

だから障害者就労支援を進めるには、もちろん固定客となる継続的に障害者を雇用する企業を増やすことが大切なのですが、最初から見つけようとしてアプローチすることは間違いです。では、どのようにすればよいのでしょうか。

見込み客を集めるとは、多くの民間企業のなかから、障害者雇用を検討する企業を見つけ出すことです。そのための手法に何があるのでしょうか。それが広告・宣伝なのです。広告・宣伝で、障害者雇用に興味をもち、障害者雇用を検討したいと考えている企業を見つけ出すのです。

同じように「企業に就職する障害者」にも当てはめることができます。「企業」を「障害者」に読み替えてみれば、企業に就職する障害者にどのようにアプローチすればよいのかが見えてきます。つまり広告・宣伝で、就職に興味をもち、就職を検討したいと考えている障害者を見つけ出すのです。

いかがでしょうか。あなたはどのように感じられますか。

実は、私自身このことに気づいたときに、今までの就労支援のなかで大切な、大きなことが欠落していたと強く感じました。地域の企業をしらみつぶしに訪問するようにジョブコーチに指示していた方針を変更せざるを得ませんでした。まず広告・宣伝で、見込み客を集める。そしてその見込み客に対して「安心感」を提供して、一度目の取引にともなう不安感を取り除く。このようなステップで進まなければ、障害者雇用は決して前進しないのだと気づきました。

障害者の雇用が進まない理由は、障害者の労働能力が低いからでもなく、また企業の意識が低いからでもなく、検討をし続けている見込み客に有効な商品情報（ここでは求人情報や求職情報）を確実に届けていないからなのだ、さらには初めての障害者雇用や初めての企業就労にともなう不安感を取り除く支援が不十分なのだと気づいたのです。

では、「安心感」はどのようにすれば提供できるのでしょうか。

企業に安心していただくには

企業が障害者を雇用する場面は、ちょうど資源として労働力を調達することに相当すると考えれば、消費者と同様の心理状態になるのだ、ということを前項で確認しました。

消費者であるあなたが、新たな買い物をするときには多かれ少なかれ不安を感じるでしょう。この不安を一掃するには何が必要でしょうか。何によって不安は「安心感」にとって替わるのでしょうか。買い物を「なかったことにする」ことができること。このことが一つです。失敗した、と感じたときに後戻りできることは最高の安心感につながります。

もう一つは、不安に思ったことであっても、周りから「いい買い物をしたね」と認めてもらうことです。自分は失敗かもしれないと思っていたけれど、決してそれは失敗ではないのだ、むしろ正しい選択であったのだ、と感じることができれば、その不安は消えるはずです。

企業の採用担当者の心理をよく考えて、この二点からアプローチすることが大切なのです。ただし障害者の雇用は、単なる買い物とは異なり、当事者である障害者が人としてそこにいます。障害者の心理もまた、十分な配慮をすることが大切です（当然障害があってもなくても同様です）。企業の採用担当者が安心感を得るために障害者施設がなすべきことは、この二点なのです。

もう少し具体的に表現すれば、雇用後に事情により解雇せざるを得なくなったときに、（障害者に対しては当然ですが、ここでは企業に対して）どのようなフォローができるか、ということです。

そしてまた、企業が雇用後に解雇したいという気になったときでも、そのような状態は決して失敗なのではないと、どのようにしたら感じてもらえるかということです。

このフォローの方法については、公的な制度もありますが、施設・事務所独自の方策もまた必要になります。そして独自の方策は「新規に」開発しなければならないことです。なぜならば、公的な制度だけでは不十分だからです。どうして不十分だとわかるかというと、障害者雇用の法定雇用率が達成されていないという事実が存在するからです。公的な制度だけでは不十分なときに、施設長はどのようなことを考えればよいのでしょうか。目の前にいる障害者に、制度がどれほど不十分かを言って聞かせることでしょうか。

そうではありません。公的制度が不十分ならば、それに変わる「新しい手」をつくり出すことです。その方法を見つけようと考えることです。その方法について、ぜひあなたも考えてみてください。できない理由を見つけるのではなく、できるようにするために何をするかを考えることが大切です。

2 「お客様の成長」をつくる広告・宣伝
――安心して見込み客になっていただくために

広告は「売る」ためのものではない

ここでは広告の役割を考えてみましょう。

広告には、テレビ・ラジオのスポット、新聞・雑誌の広告スペース、折り込みチラシ、看板などさまざまな方法があります。さまざまな方法があるということは、その効果や狙いには大きな幅があることになるのです。自施設・事業所の狙いに合った方法を選択する必要があります。また広告予算は収支全体のなかから割り当てなければなりません。

そこで「お客様が自ら何らかの行動を引き起こすきっかけになる広告づくり」に着眼します。ここでも動機付けです。

お客様の広告へ反応をどう高めようか、と考え続けると次のことがわかります。「お客様が広告に安心できなければ、何らかの行動は引き起こさない」ということです。何も行動を引き起こさなければ広告の効果が得られないので、むなしくなってしまいます。チラシをまいても来店者数が変わらなければチラシの効果はない、と評価を下してしまいます。ここでいう行動とは、来店するとか、資料請求するとかいうお客様の自発的な行為のことです（そしてプライバシーを手渡してくれることがその核となる要素です）。

しかし、広告そのものにお客様を安心させる何かがなければ、たとえ興味があったとしても、お客様はおいそれとは動きません。その結果、私たちの判断は「そうか、価格が高いのだ！」「この地域にはそもそも住民が少ないのだ」「こういう素材や環境配慮に理解できる人はまだまだ少ないのだ」「もっと広告部数（広告回数）を増やさないとだめなのだ」……と、どんどん「外れて」しまうのです。間違った評価をしてしまうのです

安心して行動につなげるための広告とは、どういうものでしょうか。コツとなるいくつか着眼点を紹介しましょう。

まず、苦痛から逃れる視点を伝えることです。つまり「危険がない・安心である」「売り込まれる危険がない」「買うリスクがない」ということです。

もう一つは、情報が少ないという不安から逃れる、すなわち必要な情報をできるだけ多く提供するということです。

重要なのは広告表現の工夫なのです。広告は「見込み客」を集めるための手段ですから、広告で伝えるべきことは商品そのものや商品の品質ではないのです。このようなことを聞くとあなたは信じられないかもしれませんが、お客様の反応は、商品の品質ではなく広告の表現に依存するのです。

恋愛を例にひくと、全く見ず知らずの相手から電話番号やメールアドレスを聞き出すには、自分が危険でないことをいかに伝えるかということがポイントなのです。つまりここでのポイントは「伝え方」です。自分の年収や職業（価格）、趣味、ライフスタイル（ニーズ）をいきなり伝えられても、とまどうばかりです。順序とタイミングが重要なのです。

恋心は自分に気があると思われる人にしか向けないのです。

相手が自分を信頼して好きになるかどうか、電話番号やメールアドレスを教えてくれるかどうかは、こちらが相手に好意をもっていることが伝わらなければ実現しません。広告で相手にこちらの好意（お客様が好きです）を伝えるにはどうすればよいのでしょうか。直接会うならば、目と目を合わせてにっこりほほえむことができます。紙ベースのチラシや広告では、どのように表現すればこちらの笑顔が伝わるのでしょうか。このような視点が重要なポイントです。

広告は見込み客をつかむためのもの

改めて広告の目的をまとめてみます。

商品を売ることではないのです。つまり既存客をつくることではないのです。関心をもつ人を見つけること、つまり見込み客を見つけることです。ありがたいことに（そして簡単なことに）関心をもつ人は自分から広告に目をつけてくれるのです。

例えば仕事やアルバイトを探している人は、毎週日曜日に新聞に折り込まれる求人チラシをすみからすみまで読みます。経験者ならばこの気持ちを理解できるはずです。広告のサイズを気にするでしょうか。できるだけ大きい枠の求人情報を優先・重視するでしょうか。一方で仕事を探していない人は、どんなに広告をカラーにしても紙の質をよくしても見ようともしません。広告のサイズとか、広告媒体よりも大切なものは何かを考えてください。

関心をもつ人に安心できる表現スタイルで、十分な情報を伝えること。これがチラシ広告のポイントなのです。伝えたいことを書くのではなく、お客様が聞きたいことを書くのです。「お客様が知りたいことは何だろう」と考えることです。

また、すべての情報が広告の媒体に掲載しきれないならば、継続して情報を提供するしくみにつなぐ必要があります。具体的には「資料請求をしてください。そうすれば資料を送ります」というスタイルです。

情報提供は何のためでしょうか。

興味関心を抱いたお客様に十分な情報を提供すること、必要に応じて継続して情報を提供していくことがポイントですが、その情報はどのようなものでなければならないのでしょうか。ここにもコツがあります。

これは差し迫った必要性や抑えきれない欲求をつくる、つまりお客様の人生のなかでいずれ訪れるであろう「悲劇」または過去に起こった「二度と繰り返したくない不幸」から逃れるための緊急不可避な情報という視点です。

例えば、水と安全は普段は無料です。水と安全の確保にお金を使っていただくには、どのような情報を伝えたらよいのでしょうか。どういう状況におかれたならば有料でも売れるようになるかは、あなたは容易に考えつくのではないでしょうか。そこでこれを水平展開するのです。あなたが提供したい商品やサービスに当てはめてみるのです。あくまでも相手がどう感じるか、で決めていくことです。

なぜこれほどまで、自分のこと（商品そのものや商品の品質）を語るのではなく相手の立場が重要なのでしょうか。それはお客様は自分（お客様自身）にしか興味をもたないからなのです。お客様は普段、あなたやあなたの商品のことなど全く考えていないのです。だからあなた（売り手）が商品のことを語っても伝わらないし、耳に入らないのです。

そして、重要ポイントです。お客様がその気になったとき、のことです。

お客様が買う気になったときに、売り手の事情で売らないのは、買う気でないお客様に「買ってください」とお願いすることより商売・経営にとって悪いことです。

したがって廃棄ロスとチャンスロス（機会損失）とを比較検討したときに、どちらの対応を優先すべきかが見えてくるはずです。

あなたはわかりますか。どちらの対策を優先すべきなのでしょうか。

3 廃棄ロスとチャンスロス

目に見えるロスと目に見えないロス

例えば商品が生ものであるとき、廃棄ロスが出ないような配慮をします。誰もが売れ残りによる赤字（廃棄ロス）をおそれるようになります。廃棄ロスは目に見えるだけになんとか対応をとらなければ、という気持ちに追い込まれてしまうからです。

この廃棄ロスを減らすためには、商品の生産量（または仕入れ量）を削減すればよいのですが、廃棄をおそれるあまり削減しすぎると、今度はお客様の需要量に不足してしまうことになります。せっかくのお客様の前でみすみす商機を逃すこと（チャンスロス）になるのです。（図2参照）

「お金の支払い」は、一番濃い人間関係がつくられる局面です。

特に高額のお金を支払う場面、例えば家や土地などの不動産の取引や自動車の購入契約のときのことを思い浮かべてください。

このような高額の売買の契約時は、契約締結にふさわしい場所で行われます。駅前のコンビニの前で、買い物のついでに判子を押すことはないはずです。

図2 需給曲線とロスとの関係

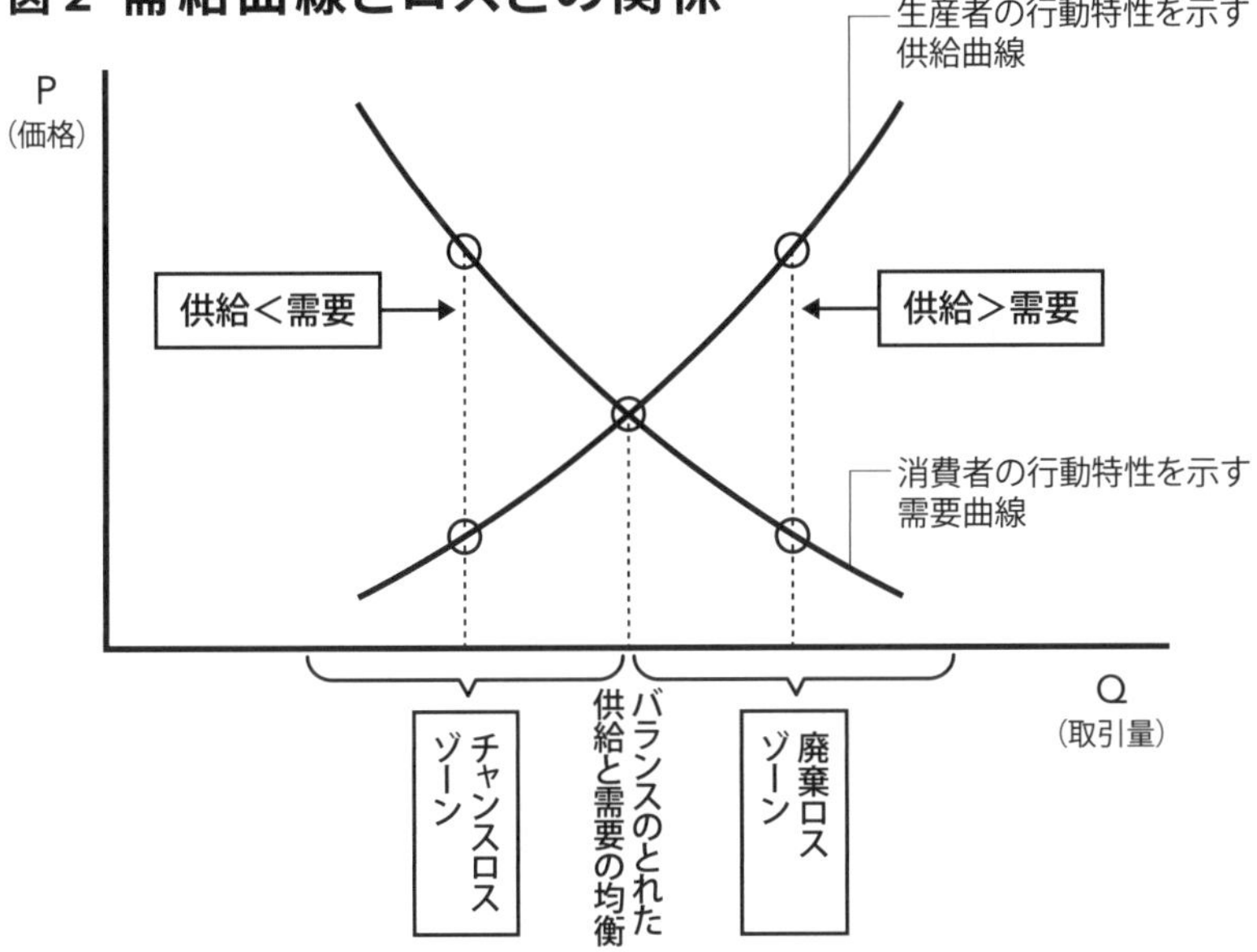
P
（価格）
生産者の行動特性を示す
供給曲線
供給＜需要
供給＞需要
消費者の行動特性を示す
需要曲線
Q
（取引量）
チャンスロスゾーン
バランスのとれた供給と需要の均衡
廃棄ロスゾーン

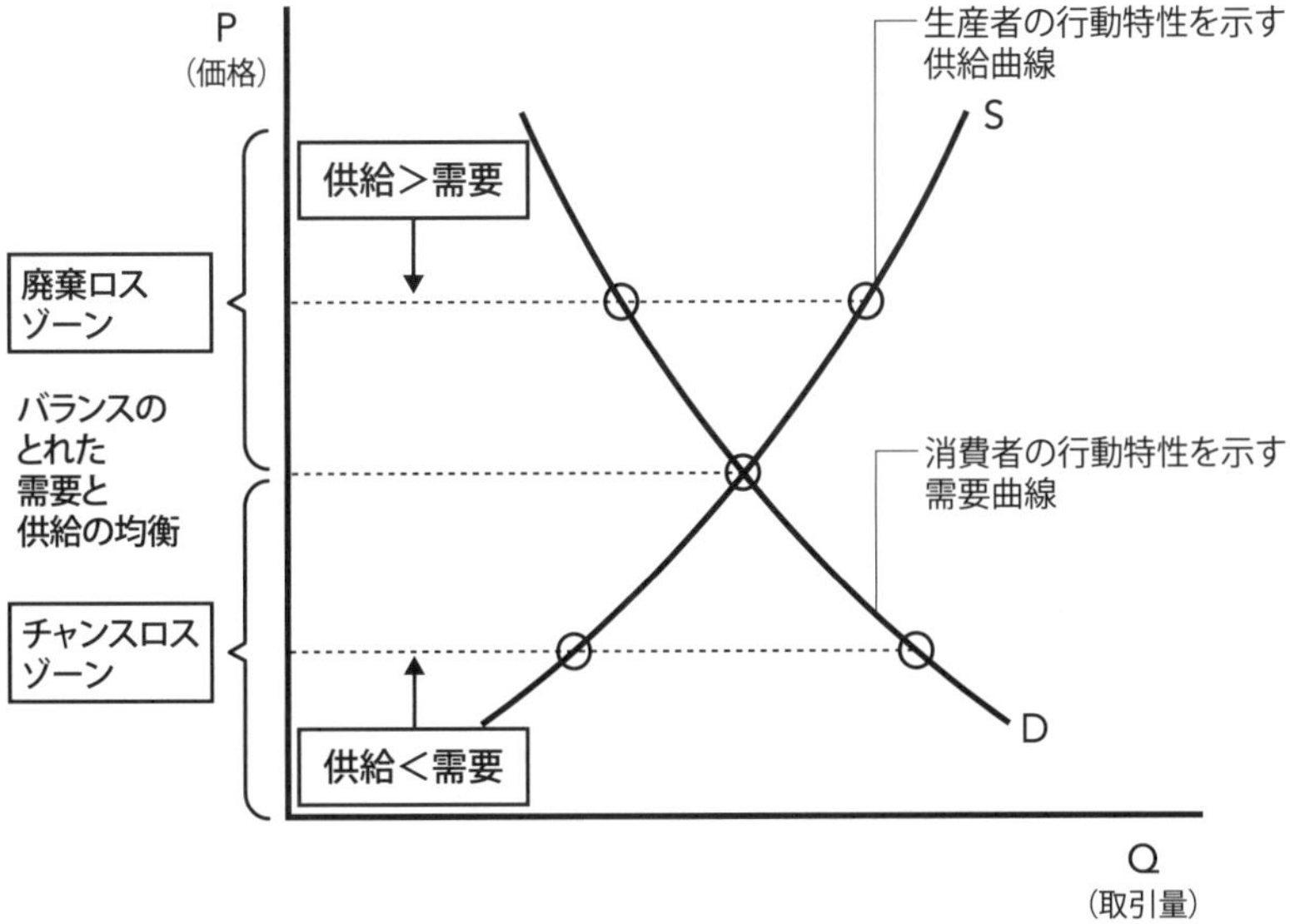
P
（価格）
生産者の行動特性を示す
供給曲線
S
供給＞需要
廃棄ロスゾーン
バランスのとれた需要と供給の均衡
消費者の行動特性を示す
需要曲線
チャンスロスゾーン
供給＜需要
D
Q
（取引量）

ある工務店では、家づくりの請負契約のときに、施主さんを本社の広い部屋にお招きして、その部屋には設計士から大工さん、電気屋さん、左官屋さん、水道屋さんなど現場の職人さんが勢揃いして、これから建築するマイホームへの期待が最高に高まるような演出をするそうです。乗用車のレクサスの営業所の造りも壮大な仕掛けです。お金を払うという行為は、特に高額のときは人間にとって一大決心が必要なのです。その決心をとても大切にする演出といえます。

このような決心をした人は最高に高揚しています。気持ちがハイになっているのです。そしてこのハイの気持ちはナイフのようにとがっていますが、それだけに失いやすいともいえます。過敏になっているので、大きなクレームもまた生じやすい瞬間です。

このお客様のハイの気持ちを見逃してはなりません。このお客様のハイの気持ち（高揚した気持ち）を見逃すことを「チャンスロス」というのです。機会損失です。単なる利益損失ではすみません。「濃い人間関係」づくりの損失です。

だから商店は「廃棄ロス」という永遠の課題？　と闘いながらも、いかにチャンスロスを出さないかに心を砕くのです。廃棄ロスは目に見えても、チャンスロスは目に見えないから、検証がしにくいのです。自然に売上が落ち込んでいくような「慢性状態」のなかでいつまでも気づけないのがチャンスロスなのです。廃棄ロスを減らそうとすればするほどチャンスロスが生まれます。チャンスロスを避けようとしすぎれば、過剰在庫を抱え過大な廃棄ロスを生んでしまいます。

「完売御礼」の札を心から喜んでいるのは売り手だけであり、その商品を購入しようとして買えなかったお客様は、決して「それはおめでとうございました」などと喜んでくれはしません。どのようにバランスをとるかが難しいところです。

解決の方針としては、廃棄ロスの計画を立てることです。金額ベースで一日あたりいくら棄てるか、です。金額ベースで立てないと「結構多いな！」とか「意外に少なくすんでよかった」とか、下手な読書感想文のような評価をしてしまうからです。

廃棄ロスは「経費」です。少なければ少ないほどよいとはいえ、決してゼロにはなりません。あなたは通信費をゼロにしたくて電話を止めますか？　あなたは光熱水費をゼロにしたくて、売り場の電灯を消してトイレの水を止めますか？

同様に、廃棄ロスもゼロにしてはダメなのです。廃棄ロスゼロは、チャンスロス無限大ということです。しっかりと廃棄を出してチャンスロスを防ぐことが大切です。

お客様が商品を買いたい（つまり、お金を支払いたい）という気持ちを本当に大切にするとは、こういうことです。お客様がお金を支払う場面を大切にしてください。

あなたの施設・事業所では、お客様（または利用者のご家族）が料金の支払いに窓口に来られたときに、どのように対応していますか。ぜひ見直していただきたいと思います。あからさまに面倒くさいという表情をしてお客様を廊下に待たせたり、立たせたまま（こちらが椅子に座ったまま）対応したりすることは、通常のお客様商売ではあり得ないことです。もしもこのようなことが実際に起きているならば、一刻も早く改善しなければならない事態です。

お金を支払うときこそ信頼づくりのポイントであり、同時にクレーム発生のポイントでもあると認識してください。

4 チラシづくりの原点

お客様はチラシを読まない

このテーマは、実は販売促進にとどまらず、組織論やリーダーシップ論に通じる「核」論です。私たちは、コミュニケーションをとるときに、自分の思いを相手に伝えようとします。自分が伝えたいことは、相手に伝わることを前提にしています。

この前提を、あまりにも当然と思い込んでしまうと行き違いが生じるのです。具体的にはどういうことかというと、例えば「チラシ」をつくるとします。なぜつくるのかといえば、お客様に読んでもらうためです。だからお客様に読んでもらうことを前提としてつくります。つくったチラシをお客様に渡せば、当然お客様は読んでくれると思い込みます。

ところが、お客様は渡された「チラシ」を読みません。お客様が読むのはただ一つ「読みたいチラシ」だけであり、渡されたチラシなど読まないのです。これがチラシづくりの心構え（原点）の一つ目です。

人は、ごくわずかな信頼する先生や友人の言葉ならば鵜呑みにすることはありますが、他の多くの人が言うことには耳を傾けず無視しようとするのです。

あなたは新聞折込のチラシに対して、どのような態度をとっていますでしょうか。読みたいチラシ以外は、たとえ自宅まで届けてもらったとしても読まないでしょう。読まないどころか「ゴミ」扱いです。できれば来ないほうがよいとさえ思っています。そうではありませんか。

もしかしたら、新聞を取っていないかもしれません。携帯でもワンセグや定額料金制度が普及してきていますから、宅配新聞の購読率は下落しています。情報は宅配新聞からではなく、テレビや携帯を通じたインターネットから入手するというスタイルが、次第に一般的になってきています(このあたりは、今後の事業展開や販促を考えるときに重要視しなければならない要素です)。

話を元に戻しますが、チラシをつくるときに、必ず頭に置かなければならないポイントは「お客様はこのチラシを読まない」という前提です。お客様は、あたかも「テレビの人気番組に釘付けになっている子ども」のようであり、その子どもは「これ読んでください」と何を渡されても目を向けようとしないのです。

このとき子どもの目をこちらに向けさせるのは、例えば「おやつだよ」「ごはんだよ」という言葉です。チラシを書いたからといってもそれだけではお客様は絶対に読まない、という言葉を心にとめてチラシづくりをしなければならないのです。

チラシは見込み客を集めるためのツールですから、「読みたくないお客様に読んでもらうにはどうしたらよいのか」というポイントを外さずにつくり込まなければならないのです。

この項の初めに、実は販売促進にとどまらず、組織論やリーダーシップ論に通じる「核」論です、と書きました。これはどのような意味かというと、お客様だけではなく、施設・事業所のスタッフも（それぱかりか施設長も）みんな職場のなかに流通する「お知らせ文書」は読みません、ということです。

お知らせ文書を作成する人だけは、その内容の重要さとか大切さとかを理解しています。だからこそ文書を作成しているはずです。しかし、周囲の人は読みたいと思っていません。一〇〇パーセント読みたくありません。――このように考えたうえで、読まれる文書をつくるにはどのように表現を工夫したらよいかと考えなければならないのです。

文書を作成する人は、自分だけが感じている内容の重大性だけで、周囲がひれ伏すと考えてはいけないのです。人は内容の重大性で判断しません。なぜなら、読むかどうかを判断する瞬間には、ことの重大性を理解していないからです。だから、重大性を全く理解していない人に、どのように読ませるかということを考えなければいけません。

伝えようとする情報の内容の重要性に甘えてはいけないのです。リーダーは特にこの視点を忘れてはならないのです。忘れてしまうと「スタッフの意識改革」の必要性を口にし始めてしまいます。

テレビに夢中になる子どもを振り向かせるにはどうしたらよいか、と同じような視点で、チラシや文書を作成することがポイントです。

お客様はチラシを信じない

チラシづくりの心構え（原点）の二つ目は、お客様はチラシに書いてあることを信じない、ということです。被通知者は通知文書に書いてあることを素直に信じない、ということです。

どういうことかといいますと……今私の手元に一枚のＦＡＸＤＭがあります。ファックスで送られてきたダイレクトメールです。

行政書士の経営セミナーに関する案内ＦＡＸＤＭです。そこにはいろいろなことが書いてあります。

①行政書士の先生方から事務所の業績アップに直結するノウハウや依頼件数アップにつながるインターネット活用に関するセミナーを開催してほしいというお声を数多く頂戴しており……
②開業して半年で月商一〇〇万円の事務所を立ち上げる……
③通常一回三万円のところを今回に限り初回限定で一回一万円……
④すべての受講者が一年で楽々年商一〇〇〇万円突破できる講座内容にしました

あなたがもし行政書士だとして、このような表現をＦＡＸＤＭのなかに見つけたとしたらそのまま一〇〇パーセント信じますか。

けっしてここで紹介したＦＡＸＤＭがウソだと申し上げているわけではありません。私自身もコンサルティングを受けたことがある超有名なコンサルティング会社が関係している案内ＤＭなので、ウソではなく、十分な効果を上げることが可能なセミナーでしょう。

しかしそれでも、お金を支払う有料サービスの提供ですから、間違いはないのかと誰もがまず疑ってかかるのです。

①本当にそのような開催要請があるのだろうか。ただ主催者の都合で（単独企画で）セミナーを開催するだけではないのか。

②本当に半年で月商一〇〇万円が達成できるのか。真剣にやっても達成できないことがあるのではないのか。

③通常三万円を今回限り一万円といったって、今までの受講者が全員三万円支払っていたのか。

④すべての受講者が一年で楽々なんてあり得るだろうか。

と、このような調子で、書いてあることを疑います。一〇〇パーセントの信頼を寄せることなんてしません。

チラシに書いてあることを、読者は信じないのです。だとすれば、どうすればよいのでしょうか。そうです。証拠が必要なのです。読者、お客様がチラシに書いてあることに対して疑問をもつという前提に立ちさえすれば、その疑問を氷解させる証拠が必要であることに気づきます。よくチラシに「お客様の声」という表現で、すでに当該サービスを利用したお客様の感想が記載されています。この「お客様の声」こそが、疑問を解く証拠なのです。

この①に関していえば、セミナーの開催要請として具体的な行政書士の名前が「私もこのセミナーを推薦します」ということで五〇人、一〇〇人という名前が掲載されていれば、読者、お客様が抱く疑問を少しでも解消することができます。

また業界の大物（会長さんとかです）の顔写真入りの推薦文など、権威ある評価を掲載するのもお客様の疑いを解くためのものです。

お客様の声や権威の推薦は、お客様は信じない、という前提にたてば、どれほど重要かということを理解することができます。そしてチラシを手にしたお客様がざっと内容に目を通すなかで、どこにこの証拠（お客様の声）を掲載すればよいのかが見えてきます。

証拠ですから、そこにインチキがあってはなりません。でっち上げの推薦文などもってのほかです。当の本人から「そんなこと知らない」なんて突っぱねられたらもう終わりです。

このことから、チラシづくりには、これらお客様の声や権威の推薦を集めることが重要な要素であることがわかります。

チラシは表現を工夫することが大切で、そのためにはいろいろと実験しながら試行錯誤を繰り返さなければなりません。ここではその工夫として、地道に証拠集めをすることの大切さを強調しておきます。

すべて証拠集めのためという発想が大切

この考え方は、次のように応用することができます。

顧客満足度調査を実施している施設・事業所は多いでしょう。あなたの施設でも定期的にサービス利用者・ご家族・行政担当者・近隣の類似施設・特別支援学校などからご意見を集めているのではないでしょうか。

アンケートでは、不満を聞かないのがコツです（この表現はちょっとアバウトなので、あとで説明します……）。

アンケートで回収された「施設サービスをプラス評価する意見」をあなたの施設・事業所ではどのように活用していますか。アンケートで回収されたクレームに、丁寧に対応することだけに終始してはいないでしょうか。

「施設サービスをプラス評価する意見」は、先に書いた「お客様の声」なのです。ということは、施設サービスを利用しようかどうかと検討しているけれど、本当に大丈夫なのだろうかと不安と疑問に感じているお客様にとっては、とても有効で大切な「証拠」になるわけです。

もうおわかりでしょう？　顧客満足度調査によって入手した証拠を、利用者拡大のために使わなければなりません。具体的には、福祉サービスの説明パンフレットやホームページにその声を記載するのです。そして、このような取り組みをするからこそサービス利用者を増やせるのです。サービス利用者が地域にいない、少ない、と結論する前に「証拠」集めをする必要があります。

さて、改めて顧客満足度調査は、何のためにするのでしょうか。あなたは何のためにしていますか。

お客様の満足を高めるため？　お客様の不満を取り除くため？

もちろんそのとおりです。ただしその段階で止まっていては……不十分と言わざるを得ません。なぜお客様の不満を取り除き、満足度を高めなければならないのですか？

それはできるだけ多くの方にサービスをご利用いただくためです。もっともわかりやすい表現では、「お客様を増やすため」です。すべての経営上の悩みは、お客様を増やすこと（集客すること）で解決することができます。お客様が少ないことが、ほとんどの経営上のトラブルの原因となっているのです。

したがって「お客様の不満を取り除き、以前にも増して満足していただいた……」だけでは経営改善につながらないことに気づく必要があります。「満足していただいた……その結果、以前より多くのお客様にご利用いただけるようになった」……と、ここまでしっかりと到達させる必要があります。

満足度調査、サービスアンケートなどを実施する理由や目的は、お客様を増やすため、としっかり認識してください（また、施設・事業所の広報紙の発行も同じく「お客様を増やすため」と明確に意識すれば、その内容に大きな変化が訪れるはずです）。そうすれば、アンケートの回答（お客様の声）は施設サービスをプラスに評価した意見でなければ活用できないことに気づけるのです。「最高によい点はどこですか？」「一番満足したのはどういうときでしたか？」「これからもずっと利用し続けたいのはどういうサービスですか？」と尋ねなければ、よい回答を引き出せません。

アンケートで回収されたクレームに丁寧に対応することだけに終始していては、お客様を増やすことにつながりません。

ある通販化粧品会社は、その品質を維持するために衛生管理を徹底していますが、そのことをはっきりとテレビCMのなかでうたっています。地道に努力し続けることは美しい姿ですが、そのことだけでは集客に結びつきません。品質管理に地道な努力を積み重ねることと、集客のためにお客様に情報を確実に届けることとは別のことなのです。

先ほど「アンケートでは、不満を聞かないのがコツです」と書いたのは、このようなことを意味しています。

アンケートでお客様の不満を積極的に聞くのは、「自らの傲慢を戒めよう」と明確に意識しているときだけです。改める準備のないままに、お客様の不満を聞き出すことは、単にモチベーションの低下を招く結果につながるのです。

特に一番店を目指すならば、一番店とは一番批判される店と心得る必要があります。厳しい批判にさらされることを覚悟しなければなりません（もちろんこの批判とは、ひがみやうらやみのことです！　産地偽装や虚偽表示による消費者クレームとは異なります。念のため）。

お客様はすぐに行動しない

チラシづくりの心構え（原点）の三つ目は、お客様はすぐに行動に移さない、です。

お客様が、書いてあることに興味をもって十分読み込んでくれて、しかもその内容を十分に信頼してくれたとしても、それでもすぐに行動に移してくれません。

「これはとてもよい商品だ！　こんな商品がほしかった！　そうか、ここに行けば売っているのか！」と、ここまで考えていたとしても、「今度行ったときにぜひ見てみよう」と固い決意をしてくれたとしても、そのチラシをしまい込んでしまい、すぐには行動してくれないのです。電話で申し込めばすぐに宅配してくれるとわかっていても、電話する前に何か別なことを始めてしまうものなのです。

これがお客様の行動特性だと考えてください。お客様とは、このように行動するものなのです。だから、今すぐ行動に移してもらうには、どのようなアプローチ、働きかけをしなければならないのか、という観点で工夫をする必要があります。

テレビのアニメに夢中になっている子どもをぱっと振り向かせて、すぐに行動に移させるにはどうしたらよいのか？　このような考え方が重要になります。例えば子どもに「勉強をする」という行動をとらせたいときに、その子どもがテレビに夢中になっているとします。あなたなら、何といって声をかけますか。

「勉強をしなさい」ですか？　「おやつですよ」と言ってまずテレビから離す、という方法もあるでしょう。「お父さんに言いますよ」といって権威をもち出すこともあるでしょう。他にもいろいろな手だてが考えられますね。

勉強をさせたいから、「勉強をしなさい」と呼びかけるのは当然なことですが、それでは「人はすぐに行動に移さない」のです。買ってほしいから、「買ってください」と言うだけでは十分な行動が引き出せません。ではどのようにすれば「すぐに行動をする」のでしょうか。

このような観点でチラシづくりを改めて点検してみてください。お客様にすぐにとってもらいたい行動は何ですか？　そしてその行動をすぐにとってもらえるような工夫をチラシのなかに盛り込んでいますか？

このようなことから、例えば新聞折込のチラシを一枚ずつ検討してみてください。なかにはとてもよく工夫されているチラシがありますから、それを参考にすれば、チラシづくりのコツはすぐに身につきます。チラシづくりのテキストは、日々新聞やタウン誌に折り込まれてくるチラシです。また、通販カタログもとても参考になりますから、これらのチラシやカタログの現物を手元に置いて、それを制作した立場に立って、これまでに示した三つの心構え（原点）の検討をしてみてください。すぐにコツがつかめるようになります。

そして最後に一つ、重要な視点をお知らせします。この項の「チラシ」を、あなたの施設・事業所の「広報紙」や「パンフレット」に置き換えて、ぜひもう一度お読みください。

5 ファン感謝デーをつくろう

感謝を伝え、人を喜ばせるしくみづくり

ほとんどの福祉施設・事業所では、保護者会や家族会、後援会等のサポート組織をおもちではないでしょうか。

私の勤務する施設でも、年に四回、保護者会・保護者説明会を開催してきました。施設の取り組み方針やサービス利用者（私の勤務する施設では「顧客」「お客様」とお呼びしています）がどのような日常を施設で過ごしているかという現況報告、法律改正・制度改正の説明等がその開催目的です。いわば「説明責任」を果たす重要な機会なのです。また、保護者と施設スタッフとの個別面談の時間を用意したり、一緒に食事をする時間をつくったりもします。

私は、自分の勤務する施設の、次年度方針について検討するある会議のなかで、この保護者会・保護者説明会を従来のものとは全く異なる新しいイベントにしたいと提案しました。「大保護者会」にしたいと。

そうすると、それに応えて、スタッフのなかから「ファン感謝デー」にしてはどうかという提案

が出てきたのです。

私は、きらっと感じました。それで、これでいこう、と即断しました。

二〇〇七年度からは「保護者会・保護者説明会」に代えて「ファン感謝デー」を実施しています。保護者は「ファン」なのです。ファンだからこそ、施設の提供するサービスを利用し続けてくれます。また施設を物心両面で支えてくれます。

ならば、施設のスタッフが総力を挙げてファンに感謝するイベントにしよう、施設のスタッフがサービス利用者やそのご家族に対して心から感謝していることを、はっきりと伝えていける内容のイベントにつくり上げていこう。このような方針です。

私たちのお客様、そしてファンである利用者ご本人と保護者の皆様が「心からうれしいと感じられる仕掛け」を、スタッフ全員で考えていく「仕掛け」。これこそがファン感謝デーのポイントです。

誰でも、人を喜ばせる企画をすることは楽しいものです。人を喜ばせようとすることで自分もうれしくなります。お客様に喜ばれることはスタッフにとってとても幸せな瞬間です。もしかしたら、一人ひとりのスタッフが仕事を通じて本当に幸せ感や達成感を感じるのは、「お客様に喜ばれていると実感するとき」だけかもしれません。だとすれば、この仕掛けやしくみを仕事のなかに組み込む必要があります。

そして、保護者に対して感謝の意をどのように伝えるかを話し合いました。

「参加された保護者が、また来たくなるような会にしましょう」「参加した保護者同士が『いろいろな話ができてよかったね』と感じるように工夫をしよう」「スタッフも一緒になって楽しむことも考えていいのではないか」「遊び心が大切」……などと、意見がどんどん出てくる素敵な会議でした。

このような会議に施設長として臨席できるのは、本当に幸せなことです。私は笑いが止まりませんでした。

感謝の気持ちを表すには「形」が必要です。言葉で「ありがとう」と伝えることは、スタートとしてはとても大事なことです。けれどもそれだけでおしまいにしては、形が残りません。何らかの形を残すことには二つの意味があります。感謝をされた側にモノが残ることで、感謝されたことを繰り返し感じられるということが一つです。そして感謝する側もモノをつくる、用意する、渡すという行動をすることで、感謝するという行動がより強固になることです。双方の潜在意識・潜在記憶に強く刻みつけられるのです。

感謝を形にすること、このことからスタートして、さらに丁寧な企画の検討を続けることで、ファンをさらに「生涯のファン」に育てることができるのです。

一年に四回のファン感謝デーということは、三か月に一日だけの感謝ということです。あくまでもこのイベントは入り口であって、最終的には毎日がファン感謝デーになることを目指したいと思います。

クチコミファンをつくるために

社会福祉施設は、利用定員の二倍の生涯ファンをもち続けられれば経営は安定します。生涯ファンづくりのコツは、実はコミュニケーションの頻度にあり、形に残る感謝の品々（具体的には「手紙」など）が重要なツールになるのです。

情報の伝達には電話やＦＡＸ、メールが役に立ちますが、感謝の伝達には手紙が一番です。案内状を作成し、三〇〇名以上の方々にお送りしました。ちなみに施設の利用定員は七三名なので、ご家族以外にも連絡しています。

私の勤務する施設において、ご家族以外の方への案内では、特に特別支援学校（養護学校）の先生方にも声をかけています。障害者施設にとっては特別支援学校を卒業した方が主要な「新規顧客」になります。この新規顧客（候補者）に一番身近に接している方の「クチコミ」は重要です。クチコミはファンしかしてくれません。

いったい特別支援学校の先生方に、どれほど施設・事業所としてアプローチをしているでしょうか。

卒業生の行き場がないから、と頼み込んでくる特別支援学校の先生方にあれこれ注文をつけるような態度の施設長に限って、「この地域には障害者がいない……」と口にするものです。

私自身にも反省すべき点がありました。先生方の身なりや態度を見て、障害児・者である生徒児童がもしもあなた（先生自身）の子ならば、けっしてそのようなことはしないだろうに……と批判的な目をもっていました。批判すべき点が目についたならば、そのことは我が身や我が施設スタッフに置き換えて改めればよいのであって、先生方を陰で批判する必要はないのです。また、陰で批判していればその姿勢は必ずや先生方に伝わり、卒業生の進路先として仕方なく頭を下げるけれども、もしそうでなければ付き合いたくない相手として先生方に思われるようになってしまうはずです。

特別支援学校の先生が、我が子の将来の進路を心配するお父さんお母さんに、「ぜひに」と自分の施設・事業所を勧めてくださるようになっていただかなくてはなりません。たとえその地域にたった一つしかない施設・事業所であっても、「そこしかありませんから」ではなく「この地域に生まれ育ってよかったですね、この施設・事業所がありますよ」と言われるようにならなくてはなりません。利用定員の二倍の生涯ファンをもち続けるためには、特別支援学校の先生との良好な関係は不可欠です。

そのためには、特別支援学校との関係をもっとよくしていく、強くしていく必要があります。また、あなたの施設が高齢者介護施設ならば、新たな新規顧客を紹介してくれる高齢者福祉課の担当者が特別支援学校の先生の役割を務めることとなるでしょう。子どもの施設ならば児童相談所の職員さんがそうなります。

この方々との関係をもっともっとよくしていく、強くしていく必要があります。そのためにあなたの施設・事業所では何をしていますか。

そのための工夫を考えるのは施設長の仕事です。

6 イベントこそ最適な集客トレーニング法

集客で集めるものは「顧客情報」

「集客」はすべての経営の基本です。ここでは、その集客のトレーニングに最適なイベントの企画・運営のポイントをお伝えいたします。

「集客」を考えるとき、とても重要なポイントがあります。それは「集めるものは『顧客情報』である」ということです。単に人がたくさん集まっている「人だかり」に対して集客したと言わないのは、そこからは顧客情報が得られないからです。

お客様をたくさん集める
↓
顧客情報を確実に集める
↓
顧客情報を経営に活かす
↓
さらにお客様がたくさん集まる

このことを繰り返すことで、より多くの人を集めることができます。

単に人を集めることを目的にするのではなく、人を集めることによってそこから何を生むか、という視点をもったなら、イベントに対する見方が大きく変わります。つまり集客を目的にするのではなく、集客を手段にするということです。

そして、人を集める力を手にしたならば、経営手腕は自動的に強くなります。なぜならばイベントでの集客能力と、事業（商売）での集客能力は全く異なるところがないからです。イベントに取り組むことは、集客という軸の上に立つ「経営」そのものであるといえるでしょう。

人を集めるとは、すなわち「人を集めようとしている主体（つまり私たちのこと）のミッション・理念」を多くの方の心のなかにお届けすることです。そしてそのことを認知していただくことです。

集客を通じて経営を成り立たせることが必要とはいえ、今まで集客という軸で経営をしてこなかった業界（自治体や福祉施設など）にあっては、イベントこそ絶好の集客トレーニングといえるのではないでしょうか。イベントをしっかりと企画して運営してみることが、経営力を身につける近道なのです。

一人ひとりの心のなかに「イベントに行ってみたい」という思いを芽生えさせるしくみの集合体。これこそがイベントです。

イベントの目標の立て方

目標とは、言い換えれば「ゴール」のことです。一〇〇メートル競争ならば、スタート地点からちょうど一〇〇メートル先にテープがあります。このテープがゴールです。ポイントは「テープがどこにあるか」が、明らかになっていることです。

なぜ明らかになっていることがポイントなのでしょうか。それは、明らかになっていないと、選手がゴールを切ったかどうかが誰の目にも明確にならないからです。

なんか簡単そうなことを「ぐだぐだ」説明していて申し訳ないのですが、実は私たちの仕事のなかでは「ゴール」がはっきりしないまま走っているようなことが、とても多くあるからです。または走っている人それぞれのゴールがまちまち、ということもあります。こういう状況になると達成感が一致しないので、徒労感が現れてしまう危険が高まります。最悪の場合は、組織そのものが壊れてしまいます。

ゴールが明確になっていれば、テープを切ったのかどうか、あるいはまだ届いていないとしてもあと何メートル走ればテープを切れるのかがわかるようになります。

特にあと何メートルでゴールかがわかれば、そのための最善策を見つけやすくなります。つまり一〇〇メートル先のゴールは見えにくくても、五メートル先のゴールならば断然よく見えるようになるからです。

だから踏ん張りが効くようになります。ゴールが見えないところでは頑張りが続かなくなってしまうのです。

このことを確認しておけば、ゴールの設定は簡単になります。つまり「見えやすいゴール」を設定することが成功の秘訣なのです。

見えやすいとは、あなた一人に見えていてもダメです。スタッフ全員が見えなくてはなりません。「見ようと思うスタッフ全員に見えるようになっていること」。これがゴールの条件です。具体的には、ゴールは「測定可能」かどうかで決めることになります。測定が不可能なゴールではゴールにはならないのです。

イベントの成功度の測定は、一番わかりやすい「人数」の指標で測定します。これが成功の秘訣です。「楽しいイベント」なんていう目標では客観的に測定できません。人数を目標にするよさは何かというと、ズバリ「数えやすいこと」です。

もちろんきちんと数えるしくみは必要です。でも、これも工夫次第でとても簡単になるのです。普通の発想をすれば、数えるスタッフを何人か用意して……なんてことになりますが、数えるスタッフのところに人が列をなして並ぶしくみがあれば、驚くほど少ない人数で数えきれるようになります。

目標に「集客数」をおく本当の意味

イベントの目標管理は、一つはスタッフの成功体験の共有のためです。

では、なぜスタッフの成功体験の共有が必要なのでしょうか。もしもイベントが「単発型」であるならば、必ずしもスタッフに成功体験がなくても特段の差し支えはありません。しかし、連続して次回（来年）のイベントを企画するならば、スタッフに大きな成功体験がなければならないのです。

この「次回につながる」という発想はとても重要です。今回のイベントの成功を、なんとしても次回のイベントの企画・運営の原動力としなければなりません。今年昇った階段の次に来年の階段があるというようなイメージです。毎年毎年一段目から昇り始めているようでは、イベント成功の感動は味わえません。

たとえ大きな失敗があったとしても、来年が今年より「大きく充実した」イベントになっていれば、スタッフはイベントに感動することができるのです。そしてこのことと目標管理は、リンクしていなければならないのです。だから目標管理をする意義とは「来年のイベントを今年より『大きく充実した』イベントにすること」でもあります。

イベントの目標設定の方法として「人数」を設定することは、そういう意味においては、まだレベル半分ということになります。集客目標の人数を設定するだけでは不十分ということです。人数を集めることが、同時に次回のイベントの集客につながるしくみを備えている必要があるからです。目標に集客数を設定して、そのために人数を把握・測定することによって、来年のイベントを今年より「大きく充実した」ものにする「しくみ」が備わっていなければならないのです。

繰り返しますが、人数を測定する本当の意味は、測定するときに入手した情報をもとに、次回のイベントの来場者数を増やすしくみをそこにつくるということです。スタッフの成功体験の共有にとどまらず、というよりさらに重要なことは、次回の来場者数を増やすために人数を測定しなければならない、ということなのです。

人数測定をする本当の意味

次回のイベントに来場する人の数を増やすために、どのようなことが必要なのかを考えましょう。そうすれば、今回のイベントに来場した人に関する情報を集めることが不可欠であることに気づくことができるはずです。

したがって、人数を測定するとは人の情報を集めることです。一〇〇人集まったという事実から「集客は一〇〇人でした」という情報ではなく、一〇〇人の個人情報、すなわち名前と住所と性別や年齢、その他好みなどの情報をまとめたリストをつくることです。名前や住所（できればメールアドレスも）等が必要な理由はおわかりですよね。次回のイベントの案内を確実に届けるためです。経費節減のためには、郵便より電子メールのほうが安価なので、できるだけメールアドレスも取得するようにします。

個人情報を集めることに神経質になりすぎるな

二〇〇五年四月から個人情報保護法が施行された影響で、個人情報を集めることに対し、世間は非常に神経質になっています。イベントに参加した人のなかにも「こんなことを書かなければいけませんか」と不満や不安を訴える人がいます。

しかし、人の情報を集めることの目的は、次回のイベントの規模をさらに大きくして結果として多くの人々に幸せを届けることです。情報を集めてそれを不当に売却したりするところにはないはずです。自信をもって、というより情報収集は絶対条件ととらえて入手を図らなければならないのです。

個人情報保護法の理念を十分理解して、保有個人データの管理を徹底する必要があります。また、この管理に必要な経費を負担しなければなりません。しかしそれをおそれて個人情報の入手から逃げていては、イベントの人数を増やすことはできません。決して「差し支えのない範囲で」「できれば」などという遠慮がちな集め方をしてはいけません。

入場カードやアンケートに「記入してください」とお願いする形式だけでは、個人情報を効果的に集められないようです。「面倒なことはしたくない、記入したくない、時間をとられたくない」と、ほとんどの来場者は考えています。そこで入場カードなどに記入することで、来場した方に何かメリットになることを提供（オファー）しなければなりません。記念品を用意するとか、抽選カードを提供するとか。一〇〇人が一〇〇人ともほしくなるようなメリット、プレミアをつける必要があります。

次回のイベントのご案内を優先的にいたします、というオファーはイベント主催者にとってはメリットにつながることですが、来場者にとっては特段のメリットにはなりません。ですからこれだけでは不十分です。

自分で選び抜いた顧客情報で構成された自作の顧客リストに情報を提供（送付）するのが費用対効果にすぐれた手法なのです。イベントを通じて確実な顧客リストをつくり上げることを考えましょう。

「集客」は、すべての経営の基本です。そのトレーニングに最適なイベントで顧客リストをつくり上げることを考えるのです。この顧客リストを手にすることが、経営の第一歩になります。

そしてこのノウハウ・力を手にしたならば、利用率アップはもちろんのこと、授産事業の振興（そして工賃アップ）の力も飛躍的に伸ばせるのです。

7 マスコミパブリシティの活用のために

イベント告知に活用しよう

主催者が来場者のために心から考えていることを、どのようにしたら効果的に来場者（正確には、来場を決意しようとする人々）に伝えることができるのでしょうか。このような発想はとても重要です。来場者がいつかは理解することであっても、タイミングよく伝わらないことには期待どおりの集客が得られないからです。

「イベントに参加してください」というメッセージをどのように伝えればよいのでしょうか。あなたが主催者なら、どのようにしてあなたの気持ちを来場者に伝えますか。

答えを先に言うなら「広告と広報の活用」です。ごくおおざっぱに説明すれば「広告」は、宣伝活動の一つでマスメディア（新聞やテレビなど）や交通機関の施設（駅の掲示ポスターや車内の吊り広告）など何らかのメディアを利用して行う有料の宣伝のことです。「広報」とは、メディアに働きかけて無料で打つ宣伝のことです。

イベントを周知させるには、広告・広報を上手に活用する必要があります。というより根幹業務なのです。イベントそのものを企画・運営する業務と、集客のために告知する業務とは、例えるなら車の両輪です。どちらもなくてはならない仕事です。つまり人手と予算をきちんと配分することが大切です。限られた予算でイベントを行うときには、無料で宣伝ができる広報を活用しない手はありません。自分の身の周りに、無料で掲載できるどのようなメディアがあるのかを考えてみましょう。

行政の広報紙、タウン誌の情報コーナーなどが思いつきます。新聞やテレビでも情報コーナーがあります。無料での放送は無理と、初めから決めつけないでください。行政の広報紙やタウン誌の情報コーナーは、比較的簡単に掲載されます。ただし、発行時期がイベントの告知タイミングと合致するかどうかは微妙です。できるだけ早めに役所の発行部署やタウン誌の会社に問い合わせて、記事締切に遅れないように情報を提供します。新聞やテレビの情報コーナーに掲載・放送されれば、その反応は行政の広報紙やタウン誌の比ではありません。大きな反響があります。

イベントの開催前に掲載されるには、積極的に情報を提供しなければなりません。自然に記者の目に留まる、なんてことはありません。あなたが新聞やテレビの情報コーナーを見て、掲載されている内容をすべて記者が取材して集めていると思い込んでいるならば、それは違います。記者に情報が届くように工夫をしてその効果が現れた結果が、掲載・放送なのです。だから情報提供の工夫をしないところには掲載・放送はないと思ってください。イベントは事故や災害ではないのですから、記者のほうから取材に飛んでやってくることはまずありません。努力せずに新聞に載るのは虐待と食中毒と事故ですが、こればかりは載りたくありません。

記者の目に留まるには

では、どのような工夫をしたらよいのでしょうか。ポイントは二つです。

①記者が取材をしなくてすむように、情報をまとめたものをお届けする。

②イベントが「イベント」ではなく、「時代のトレンド」であることを演出する。

この二点をしっかりとおさえれば、かなりの確率で記者の目に留まります。

まず、記者が取材をしなくてすむように、ということは、イベントの日時や場所、対象や費用、主催者の情報や連絡先、追加取材が必要なときは誰に連絡をすればよいのかという情報を一枚の紙にまとめます。特に連絡先は重要で、こちらの対応できる個人名を必ず記載します。個人名がないと問い合わせしにくくなります。もちろん一人でなくてよいのです。複数名を併記したほうが留守のときの対応も心配なくなります。

この情報をＦＡＸかメールで送信します。直接歩いて訪ねても労多くして効少なし、です。相手も迷惑に感じます。すっきりとＦＡＸ一枚を送信したほうが手間なしです。また、報道機関は情報収集が仕事ですから、「イベントの情報を送信したいのでＦＡＸ番号を教えてください」と電話で問い合わせれば、必ず教えてくれます。報道機関は、ハローページで「新聞社」（新聞店ではありません）、「放送業・放送局」で調べれば地域のマスコミの窓口がすぐにわかります。また、あなたのお住まいがもし都市部で都道府県庁に近ければ「記者クラブ」に出向いてみてください。地域のマスコミ各社が一か所にまとまっています。情報をまとめた一枚の紙を各社のボックスやデスクの上に置くくらいはできるはずです。

一枚にまとめた情報は、行政の広報紙やタウン誌の発行部署に渡すこともできます。必ずつくってください。それほど難しいわけではありません。電話口でしゃべって伝えて、ことをすまそうとしてはだめです。相手にメモさせるのは最低です。必ずＦＡＸ送信するか、印刷物を郵送すべきです。このような工夫が、記者の心の目に留まるためには特に重要なのです。これだけでもかなりの効果が出ます。今までの私の実践の結果、反応は一〇社のうち平均二社です。高確率です。もちろんＦＡＸを送信しても「なしのつぶて」ということもあります。しかし、何もしないより格段によいのです。何しろ無料なのですから。

時代のトレンドの演出

イベントのお知らせを、特にマスコミに取り上げてもらうには、ただのお知らせだけでは無理です。なぜならば、マスコミの収入源の主体は広告収入なのです。一行いくらでスペースの販売をしているのがマスコミです。そのマスコミに無料で掲載してください、というのは虫がよすぎます。先ほどと全く逆のことを書いているようで疑問に思われるかもしれませんが、イベントの情報だけをＦＡＸかメール送信しても、スペースに空きがあるときしか載りません。「どうしても載せたいなら掲載料を支払ってください」と言われるのがオチです。

したがって、そのイベントが「時代のトレンド」であることを少し演出する必要があります。例えば「来月、福祉施設でイベントを開催しますが、介護保険が（障害者自立支援法が）施行された現在、福祉施設にとって集客の大切さが見直されています。この集客にイベントを活用して取り組んでいる施設があります。Ａ施設とＢ施設です。Ａ施設のイベントは××をテーマに開催され地域の注目を集めています。Ｂ施設のイベントは△△をテーマに積極的に情報発信しています。取材の対応もいたします。お問い合せ先は……」というように、少し演出するのです。演出といっても嘘ではいけません。ここが工夫のしどころです。トレンドになるには一つの情報だけではダメです。いくつかの同じような新しい動きがあってこそトレンドです。このようなトレンドが見えるように、一枚の紙を工夫するのです。このようにして無料で広報することを追求してみてください。

事前に掲載、放送してもらえれば、イベント当日の集客にかなりの効果があるわけですが、事前ではなく当日取材もあり得ます。そのときは後日掲載された新聞・雑誌やテレビの映像を記録しておいて、次回の集客のときに活用します。

また、取材をされても残念ながら掲載、放送されないこともあります。このときはとても悔しい思いが残ります。しかし、転んでもただでは起きない精神を発揮してください。運よく取材を受けることが決まったら、この取材を受けているシーンをデジカメなどで記録してください。「取材を受けている」という事実を次回以降のイベントの集客の材料に活用できます。

どんなときでも工夫をし続けることで、よい結果が生まれます。初めからあきらめてしまう人には結果が訪れません。このことだけは真実です。

ファン感謝デーのパブリシティ

私の勤務する施設の「保護者会」を「ファン感謝デー」に様変わりさせる企画を推進したことはすでに書きましたが、その初回の取り組みは、二〇〇七年六月二三日に実施しました。ファン感謝デー参加者によるボウリング大会と食事会がメインのイベントです。ボウリング大会は団体戦と個人戦とで表彰しました。すべてのレーンにスタッフが一人ずつ配置され、参加者との会話を楽しみながらの進行となりました。食事会は調理部門のスタッフが腕によりをかけた「鰻丼」「豚カルビ丼」「地鶏丼」からの選択メニューでした。食事会の後にボウリング大会の表彰式があり、つづいて、保護者会（役員の選任）があったわけですが、ボウリング大会に優勝した保護者の方が保護者会長を引き受けてくださいました。

このファン感謝デーですが、開催二日前にマスコミ各社にプレスリリース（一三〇ページに全文掲載）をＦＡＸ送信しました。その結果、一社から取材の申し込みをいただき、開催翌日の地方版にこのイベントのことが掲載されました。特に注目していただきたいのは、記事の論調が、ボウリング大会やファン感謝デーそのものではなく、障害者の就職支援（これが「時代のトレンド」です）の切り口でまとめられていることです。

法施行で進む障害者の就職支援　企業と橋渡し

障害者自立支援法が昨年四月に施行されて一年がたち、県内の障害者施設では、新制度に対応する取り組みが進んでいる。

就職推進

名前だけ聞くと、学生向けの就職支援センターのような印象を受ける「就職するなら明朗塾」（社会福祉法人光明会運営、八街市八街に）は入所、通所合わせて計約七〇人の知的障害者らが利用する障害者支援施設だ。

ＣＥＯ（最高経営責任者）の内藤晃さん（四七）は「施設の利用者とその家族は施設サービスのファン」との考えから、一般的には「保護者会」と言われる集まりを「ファン感謝デー」と変えた。初会合の二三日は、利用者とその家族、職員らがボウリング大会などを楽しんだ。

同塾は障害者自立支援法施行に伴い、それまでのグループホーム（正しくは入所授産施設：引用者註）から利用者の就職支援に特化した施設に衣替え。ジョブコーチと呼ばれる就職支援員を二人導入し、昨年度は一般企業に一〇人の利用者を就職させた実績をもつ。

内藤さんは「一般企業の人は障害者のことを知らない。だから、私たちが利用者の就職活動や就職後のサポートをし、企業側に障害者にどう接したらいいのか伝えるのが大きな仕事ととらえている」と説明。今年度は二〇人を就職させるのが目標という。

同塾では「求人票にはよく『事務補助』と書いてあるが、仕事の中身はいろいろ。一人の求人でも一〇人を連れて行ってその仕事とマッチする人をみつけます」（内藤さん）と意欲的だ。

（「産経新聞」二〇〇七年六月二四日）


取材を受けるには、記者の目に留まるのを待つのではなく、積極的に情報を提供することが大切です。

マーケティング理論は、日々進歩、転生しています。古いアイデアが装いを変えて新発見理論として現れることもあります。しかし、大切なのは実践することです。実践を先延ばしにして「アイデアが出ない」「アイデアが正しいかどうかわからない」などと、行動しない言い訳を探すべきではないのです。いつだって足りないものは、アイデアやチャンスや資金ではなく、それを実行する意志だからです。

この章で書いた広告・宣伝の手法すら、すでに時代遅れの方法にすぎないと説くコンサルタントがいます。このコンサルタントの言うことは正しいかもしれません。しかし、もしあなたが実践、実行しないならば、どんなコンサルタントのアドバイスも、あなたにとっては薬にも毒にもなりはしないのです。

プレスリリースの例

【報道用資料】　平成19年６月21日

________御中

八街市八街に　20番地
社会福祉法人光明会
障害者支援施設「就職するなら明朗塾」
CEO（施設長）　内　藤　　晃

障害者自立支援法下における保護者会の新しいとらえ方について

平成18年10月に障害者自立支援法が本格施行され、利用者にとっては定率負担による負担増、事業者にとっては報酬（利用料収入）の日割制による収入減、とここ数ヶ月障害者支援の現場では大きな混乱が見られます。とくに事業者にとって収入減は大きな痛手になることから、日割制に対応するために、今まで以上に多くの利用者確保が必要とされています。平成19年４月から利用者負担に関しては新たな軽減策が講じられたものの事業者にとっては厳しい状況が続いています。

福祉サービス事業者にとって「利用者確保」は、いままでの福祉サービス供給不足の状況下にあっては特に必要のないことでした。ところが障害者自立支援法施行下にあっては、欠くべからざる要素となっています。

障害者施設を利用する利用契約者本人とそのご家族に対するサービス事業者の対応に新しい動きが見られ始めました。このなかで「利用者とそのご家族」を明確に「施設サービスのファン」と位置づけて従来にない「おもてなし」を模索しているのが八街市の「障害者支援施設就職するなら明朗塾」です。

「就職するなら明朗塾」は昨年10月、全国に先駆けて障害者自立支援法に基づく新事業に移行しました。入所施設でありながら新事業に移行した施設は全国でも非常に数が少なく、また就労移行支援事業の定員33名という規模は全国でも最大規模です。実際にここ数年毎年10名の一般企業就職者を送り出し、今年度はすでに９名の就職が確定しています。

このように利用者・保護者に「就職支援」を明確に打ち出すことによって提供サービスへの理解と信頼を深めているだけでなく、「利用者とそのご家族」に対する施設サービスの説明は通常の多くの施設が「保護者会」「家族会」という名称で実施しているなか、『ファン感謝デー』と名付けて、障害者自立支援法下の施設と利用者・家族の「絆」を大切にする試みはこれからの新しい福祉の形を予感させるものです。

この施設行事（イベント）が来る６月23日（土）午前９～午後２時に開催されます。イベントの詳細な内容についてはご連絡いただければFAX送信します。また事前にご連絡いただければ当日のご取材への対応もいたします。

お問い合せ先　就職するなら明朗塾（担当：○○○○）
電話○○○－○○○－○○○○
FAX○○○－○○○－○○○○

第3章

これがポイント！施設長の計数・財務センス

1 ステークホルダー（真の株主）は地域住民

福祉施設がなくなって困るのは誰か

施設長に必要な経営数字の読み方を考えていくうえで、欠くことのできないことがリスクマネジメントです。そもそも経営にリスクがないならば、経営分析や計数管理は不要です。

今日と同じ明日が来ることが誰にとっても保証されていないからこそ、将来に備えて経営分析や計数管理をするわけです。つまり、このことがリスクマネジメントです。経営上のあらゆるリスクに備えることが、施設長が計数能力を高めるべき理由です。この目的を見失ってはならないのです。

福祉施設にとってのステークホルダー（利害関係者）とは、利用者、そのご家族、福祉事務所などの行政機関、福祉施設との取引業者、地域の消費者です。この他に、実は重要なステークホルダーがいます。福祉施設にとっての真の株主ともいうべき大切なお客様、それは地域住民です。福祉施設は、日本の社会保障制度のなかで本来国が担うべき事業を代わって担っています。当然その事業遂行にあたっては、国の補助金（つまり税金）が投入されます。その金額の多寡の議論は措くとして、税金が使われていることは確実なので、福祉施設の施設長としては、その税金の使い方の責任を、税負担者に対して負っているのです。福祉サービスの質は、サービス利用者とそのご家族に対して負っていますが、私たちが責任を負っているのは福祉サービスの直接の受け手だけではないことに気づくべきです。

福祉制度は、特に厚生労働省の役職員や立法府の国会議員などによって形成されていくわけですから、とかく介護保険や障害者自立支援法を初めとする保険制度、法制度や行政制度に対する不満は、行政府や国会に改善要求の目が向きます。と同時に福祉サービス事業の提供体制については都道府県の事務監査を受けますのでそちらへも目が向きますが、つい税負担者の存在を忘れがちです。

地域住民も、福祉施設でどのようなことが行われているかなどは、家族に高齢者や障害者がいなければ全く顧みることはしません。それでも税負担をしているのは地域住民です。

そこで地域住民をステークホルダー（真の株主）ととらえて、地域住民に見放されない、見捨てられない施設運営を目指すことが、実は一番大切なリスクマネジメントになるわけです。

この先時代が変わり、福祉施設が本当に成り立ってゆかなくなる事態が起きたとき、地域住民に福祉施設の存続の大切さを理解をしてもらい、福祉施設への税金の投入の支持を得なければなりません。

銀行がバブル崩壊後に巨額な不良債権を抱えたときに、政府が税金投入を決定して銀行の存続を支えました。一部にはそのことに対して批判を向ける人がいましたが、結局はこのことによって銀行業界は再興していきました。銀行システム、金融システムが日本経済にとってなくてはならないものとして国民に認識されていたからです。当時「銀行がなくなってしまっては困る」と誰もが考えたからです。

福祉施設は、銀行と同じように救われるでしょうか。

真の株主ともいうべき地域住民に施設やスタッフの存在を認めていただくこと、そのためにすぐにできることは何か、を考えましょう。そしてそのことをすぐに実践しましょう。

このことが文字どおり「基礎」です。そして「経営」そのものです。経営の上に、経営分析や計数管理が成り立ちうることを確認しましょう。

2 施設長にとっての計数マネジメントは戦術

施設長にしかわからない悩み苦しみもあるけれど

施設長は、自分が手にしている情報によって戦略立案をします。日本の福祉施設の企業規模はそのほとんどが中小・零細ですから、その規模に応じた考え方をする必要があります。つまり、経営の勉強をするならば、さまざまな内容のなかから自社の経営規模に合ったものを選択する必要があります。民間の中小・零細企業の社長が直面し考えなければならないことには、施設長も当然直面するのです。今までは社会福祉施設や社会福祉法人にとって「経営」は特に必要ではなかったのかもしれませんが、これからは本当に大切な要素となります。

実のところ、私は、今までも「経営」センスは必要だったと思っています。「経営」センスがある施設長が引っ張っている法人・施設はその規模が確実に拡大しています。市場のニーズに応えているから、拡大は当然のことなのです。経営規模に変化がないのは、厳しい評価となりますが「後退」です。サービスの内容にバリエーションが生まれ、さまざまなニーズに応じられるようになっていけば、自然に経営規模は拡大するものだからです。市場がない、市場規模がない、顧客がいない、という発想からいち早く抜け出すことが大切です。

最近、私はいろいろなところで講演させていただく機会が増えているのですが、地域によっては本当に厳しいようです。今までに書いたことからおわかりになるとおり「顧客がいないと言うまえに、顧客を探していますか?」という提案をしますが、それでも「いない」と言い切る方がいらっしゃいます。

山登りをする人々に水着を売ろうとしているかのような、むなしさと徒労感を覚えているのでしょう。今までの現場での実践を否定されているかのような指摘に、一段と悔しさを感じられているのでしょう。しかし、民間企業ならば、山間部で水着を売っていて売れないときに、どうすると思いますか。「山には水着を必要とする人はいない」と開き直りますか。補助金をくれ、と商工会議所や市役所へ行きますか。おそらくそのようなことはしないはずです。では何をするでしょうか。民間企業ならば何をするでしょうか。よく考えてみてください。

水着を買う人がいるところに営業拠点をシフトするかもしれません。山間部の人が必要とする商材（サービス）にシフトするかもしれません。水着をほしがるニーズ・ウォンツを山間部の人につくり出すかもしれません。

中小企業・零細企業の社長は、このように悩み続けています。一日仕事をしてさえいれば自然に売上が上がるというものではないからです。経営は完全な実力主義のなかで行われています。したがって、たとえうまくいかなくなったとしても、政府も銀行も業界の組合も、誰も助けてくれません。このような悩みや不安と闘い、ストレスに負けないように、人それぞれ工夫しています。社長でない人には、それが「飲んで騒いでいる」「ゴルフ三昧」などと一面的には映ります。しかし、社長は他人にはとうてい想像もつかないようなストレスと闘っているのです。

それでも、どんなに苦しくても社長は遊んでいてはいけません。施設長もそうです。施設長だけが直面する悩み・不安に打ち勝つには、本当にいろいろな勉強をし続けなければならないのです。

私はそういう施設長に、心からエールを送りたいと思います。資金繰りに腐心するのは施設長だけです。来月の経営に腐心するのは施設長だけです。その辛さ、ストレスの大きさに共感できるからこそ、施設長頑張れ（そして施設長になることを夢見る中堅スタッフさんに頑張れ）と大きな声でエールを送れるのです。

社長は好きで起業しているのです。辛くたって我慢するのは当たり前。悲劇のヒーローぶるなと言いたい。しかし施設長は、高齢者介護や障害者支援や子どもの成長に心から打ち込んだ先人の心の輝きや魂のふるえに共感して、スタッフと力を合わせながら、利用者とそのご家族の期待や涙に応えているのです。生きるミッションの大きさの桁が違うのです。だからこそ、好きでやっていてもそうではなくても、その心意気がわかるからこそ、私はエール・励ましが送れるのです。

だからこそ改めて「顧客がいないと言うまえに、顧客を探していますか？」と言いたいのです。今のあなたにははっきりと見えていないかもしれませんが、あなたのミッションにもとづいた福祉サービスの提供を、心の底から待ち望んでいる人は必ずいるのです。

計数・財務管理の目的を見失わない

さて、そのなかで計数・財務管理ですが、どのような着眼点が必要なのでしょうか。コンサルタントのなかには、次のような経営分析の着眼点を挙げる人がいます。

・事業の稼働率
・契約者数
・実利用実績
・客単価
・スタッフ一人あたり生産性

施設長は、即答できるように情報を把握していなければなりません。がしかし、施設長にとって本当に必要な計数・財務管理のポイントは、別のところにあります。前にも書きましたが、中小・零細企業の社長である施設長は、多くの場合、現場で陣頭指揮を執る必要があります。つまり戦略立案とともに戦術指揮も執るのです。

『広辞苑』によれば、両者を次のように定義しています。

戦略（Strategy）とは「戦術より広範な作戦計画。各種の戦闘を総合し、戦争を全局的に運用する方法。転じて、政治・社会運動などで、主要な敵とそれに対応すべき味方との配置を定めることをいう」。

つまり、長期的視野、複数条件を調整しながら、特定の目標を達成するために力や資源（特に人的資源）の配置や進捗度を総合的に管理することです。

戦術（Tactics）とは「戦闘実行上の方策。一個の戦闘における戦闘力の使用法。一般に戦略に従属。転じて、ある目的を達成するための方法」。

つまり、作戦・戦闘において任務達成のために部隊・物資を効果的に配置・移動して戦闘力を発揮させることです。

この両者の使い分けを具体的に言えば、戦略とは、「福祉施設の存在意義あるいは社会的使命」のことです。「福祉サービスの利用者の幸せをかなえるために、自施設がどのようなサービスを提供するのか、自施設のサービスはどうあるべきか」というような考え方が「戦略」です。「高齢者介護」にするか、「認知症支援」にするか、「就労支援」にするか、「生活介護」にするか、主たる障害種別を何にするか、などは戦略にかかわる要素となります。経営資源の投入方針ともいえます。

このような戦略立案は、通常、施設長が行います（その決定は理事会などで行われますが、現場の指揮官である施設長の意向は当然重視されます）。中小・零細企業規模の社長である施設長には「参謀」がいませんから、自分一人の力で戦略を決定しなければならないのです。経営資源にかかわること、つまりスタッフをどこに配置するか、資金をどこにかけるかなどは、施設長以外に決定することはできません。一スタッフが施設長に代わって決定することなどできません。

そして戦術とは、決定した戦略による目標・ゴールに到達するためにどのような手段を採用するかということです。例えば「予防介護事業」の目標を達成するために、何をしていくかということです。市町村事業をどのようにして受託するかや介護機器をどのように導入するか、収益事業との連携をどうとるか、などは戦術にかかわることです。また例えば、「障害者の就労支援事業」の目標を達成するために、何をしていくかということです。企業開拓のために何をするかや企業実習の支援をどのように行うか、雇用契約後の定着支援をどのような体制で行うか、なども戦術にかかわることです。

このような戦術にかかわることとは、大企業の場合は、経営層の管理下の「各課」で行うわけですが、中小・零細企業である福祉施設では、経営者である施設長がしっかりとかかわらなければならないのです。「すべて部下（スタッフ）に任せた」という姿勢をとりたいならば、その前提として「部下（スタッフ）のしたことの責任はすべて施設長がとる」ということを示さなければなりません。

実際にはすべての責任をとるのは無理です（口だけで言うことは簡単にできますが）。だから、施設長が戦術にかかわらなくてはなりません。「戦闘」にかかわらなくても「戦闘指揮」はスタッフの先頭で執らなくてはならないのです。

管理・マネジメントは戦略ではなく戦術である

組織としての施設・事業所の戦略立案のためには、組織の財務状況を的確に把握しておく必要があります。ここでは計数・財務管理、つまりマネジメントは「戦術」であることに気づいていただきたいのです。何のために計数・財務管理センスを身につけなければならないのか。また戦術であるならば、どこまで経理担当のスタッフに任せてよいのか。ポイントは「従業員（スタッフ）との差異を理解すること」にあります。

計数管理、あるいは財務管理、もっと具体的に言えば「経費管理（経費削減）」は「戦術」です。戦術は戦略に従います。だから戦術実行のときはいつでも「戦略目標の達成」という思考を忘れてはなりません。スタッフに必要なことは正確な執行とその記録、施設長に必要なことは執行の方針（資金繰り・補助金獲得などの全体管理）づくりです。

経営分析そのものは粗利益を生まない

組織の財務状況を把握するための「指標」（ものさし・はかり）はさまざまです。経営コンサルタントや税理士は、必要に応じてさまざまな指標とその状況について示してくれます。さまざまな管理指標があります。ここで言うまでもなく、さまざまな管理指標の多くを熟知していれば問題ないはずですが……実際には詳しい施設長は多くはないはずです。なぜならば、福祉施設の経営にはそれほど必要ではないからです。だから詳しくなれば、経営に強くなるはず……と説明したいところですが、財務状況を把握するための指標に詳しくなれば、自動的に経営に強くなるわけではありません。それほど甘くはないようです。

なぜならば、経営分析とは、経営結果の分析にすぎないからです。経営結果の分析をもとにどのような改善戦術を立案できるかというスキルについては、分析から自動的に生まれるものではないからです。さらに「中小企業・零細企業の規模に応じた考え方」をここでするならば、経営分析を詳細にすることは「タダ」ではできません。費用がかかります。外注すれば外注費がかかり、スタッフにさせれば人件費がかかります。自力でやっても人件費・時間がかかります。

ポイントは、経営分析のためにどれくらい費用をかけるかという方針が予めあるかどうかということです。この方針がないままに費用をかけて経営分析をしても、その結果から改善戦術をつくり上げるスキルがないならば、素敵な「報告書」のファイルが棚に並ぶだけになってしまうのです。

経営においては「粗利益」の確保が大切です。粗利益を生まないことに経営資源を投じないことは、実はよいセンスなのです。使えない武器を買うことほど無駄なことはありません。使えない武器ならば「買わない」というのが賢明な選択です。

お金の使い道は、二つだといわれています。「投資」と「消費」です。回収できるものにしか投資しない、という態度はよいセンスなのです。経営者にとってケチと言われるほどの倹約が必要なのです。ただし支出を抑えすぎて作業効率が落ちたり士気が下がったりしては、本末転倒です。では、どこでバランスをとるかといえば「支出を抑えるのは給料を高くしたり待遇をよくしたりするため」という視点を失わなければよいのです。

また、収益のしくみであるビジネスモデルは、それ自体が良好であれば経営者の腕にかかわらず利益が生まれるものです。一方、このビジネスモデルが不良であると、経営者が腕をふるい努力をすればするほど損失が出るのです。この見極めが経営のセンスというものです。

会計がしっかりできていれば目標がしっかり立てられる、というのは「迷信」です。目標を立てるためには、会計分析結果が必要ではありますが、会計がしっかりしていても目標を立てられない人はたくさんいます。会計分析とは別のところに、目標を設定する能力・スキルがあります。このことに気づかないと、会計事務所に無駄な費用を支払うことになります。

さらに重要なことは、会計処理がきちんとできないから目標設定できない、などという逃げ道を知らず知らずのうちにつくってしまうことになるのです。福祉施設のなかには、複数の会計基準を使い分けなければならないという、煩雑な状況を抱えているところがあります。大変気の毒な状態といえます。しかしながらそれでも、目標設定ができない理由のなかに複数の会計基準があるからと考えてはいけません。

財務・会計の仕事は、経営のなかにあっては黒子的であり、それそのものは利益を生まない仕事です。だから、特に中小零細企業にあっては財務・会計の仕事に過大な経費をかけないようにすることが、まず大切です。考えればすぐにわかることですが、財務・会計に強いからといって、残念ながら「報酬」は上がりませんし「加算」が付くわけではありません。黒字体質だからといって報奨されるわけでもないし、赤字体質だからといって補填されるわけでもありません。

したがって施設長としては、財務・会計業務に対して「費用対効果」を特に強く意識する必要があります。経費の垂れ流しは許されません。会計事務所の仕事ぶりも「費用対効果」の面から常に再検討する必要があるのです。

なお財務・会計に関する管理センスがたとえ貧弱であっても、施設長の職務はそれなりには勤まります。なぜならば、従来の福祉業界は、経営による組織の永続性を確保することよりも、需要超過の業界だけに、提供サービスの品質向上への情熱が評価されてきたからです。これからもこのことは続くでしょう。それだけにポイントを押さえた経営センスの獲得は有効です。それは特に障害者福祉の領域の「授産事業」においては、工賃支払い能力と直結してくるからです。

3 取引業者を泣かすな

徹底的な価格交渉は業者いじめではない

施設長に必要な経営センスの具体的行動の一つとして、「仕入マスター」になるということがあります。実務上は、食材仕入は栄養士、物品仕入は事務長に権限委譲するでしょうが、基本的には自分自身でその実務を遂行することと同じことです。

例えば食材に着目すると、良質で適価な食材仕入、かつ安定した仕入が確保できる業者とのネットワークを保有していることは重要です。

「価格だけがポイントではない」などと口にしながら、食材の「規格」概念が欠落していたり、常に食材や仕入業務に関する情報を手に入れる努力を怠ったりしているようではいけないのです。

本当の「業者に強い」とは、取引業者に緊張感をもたせられる人です。それも一年、二年と継続して取引している取引業者に対して、です。定期的に機械的に取引先を替えることで価格に関する緊張感をもたせようというしくみを取り入れることは、とても勧められません。なぜなら、長期的には多くの取引先から信頼を失うことになるからです。

信頼を失っているかどうかの見極めは簡単です。こちらからの発注に対して、ある納入業者が何らかの事情で「できません」と言ったとします。その後に代案の提案があるかどうかでわかります。代案の提案をしてくれない業者は、こちらを大切に思ってくれていません。したがって信頼されていません。だから、いざというときにこちらが「じたばた」しなければならなくなります。信頼関係にある取引先ならば、いざというとき「その業者が自らすすんでじたばた」してくれます。

また、いい食材を提案して納入した業者を誉めることは大切です。そのときにその食材を口にした利用者の反応をつければ、さらによいです。リスク分散のためにも複数の納入先を確保する努力が日頃から必要になります。また、納入業者に対して「値引き」を強要することはよくあることでしょう。予算管理をしなければならない以上当然です。「業者いじめ」はいけないことですが、価格交渉は業者いじめにはなりません。

大切なポイントです。価格交渉は業者いじめではないのです。

値引き強要は業者いじめではありません。もちろんこういう場面でこそ「規格」意識がないと正しい交渉ができなくなるのです……つまりA級品を値引き強要されたからB級品を納めることで解決しようとする、という業者の手の内を見極められないと、正しい値引き交渉になりません。日頃から発注の際に量目とか数量しか明示していない人（規格等級に無頓着の人）は、はっきり言って「カモ」になっています。したがって、商品規格の意識を身につけて正しい価格交渉をしなければなりません。

本当の業者いじめは「支払い遅延」です。食材の場合、支払い業務は通常、栄養士の手から離れています。だから、支払いがどのような実態になっているか栄養士は知りません。このことを栄養士が知らないままですましているかどうかが、施設長が「仕入マスター」であるかどうかの見極めポイントになります。

栄養士は、発注と納品しか見えていません。しかし、納入業者は受注と納品と入金（集金）で仕事が終わります。ここの意識（つまり業者の視線）をしっかりもつことができれば、取引先からの強い信頼を勝ち得ます。組織の一員として、「支払いは担当が違う」なんて間違っても栄養士に言わせてはならないのです。

レストランで料理が出てきたら味がおかしい、ウエイターに訴えたら「それはコックがつくりましたから……」。あなたならどう感じますか？　同じことを納入業者に対してしていては、本当の信頼を勝ち得ません。

第4章

人財育成と組織育成のエキスパートになる

1 人財確保（リクルート）は施設長の仕事

応募者はあなたの鏡です

福祉の人材が集めにくくなってきました。ここ数年、いろいろなコンサルタントが開催するセミナーのテーマとして「福祉の人材確保」に関するものが増えてきていることからも、人材確保が福祉業界の重要かつ緊急のテーマであることがわかります。

施設長として「リクルート」に全力で取り組まなければなりません。人材確保（リクルート）は施設長の仕事です。ハローワークや福祉人材センターなどに求人票を提出するのはもちろんのこと、自施設のホームページなどで求人情報を提供することや、大学、専門学校を積極的に訪問することもまた大切です。

あなたの施設がどのような人材を必要としているのかを、大学や専門学校の就職課の職員さんは熟知していません。だから、当然その職員さんは、就職活動をする学生に積極的にあなたの施設のことを説明し、勧めてはくれません。

そこで、あなたが大学や専門学校の就職課の職員さんにできるだけ多く接し、施設のことを理解してもらうことが必要になります。

今年は、今までにいくつの大学や専門学校を訪問しましたか。数年前までのように、先方から求人票を出していただけませんか、と施設に来るまで待っているような「殿様商売」をしていたのでは、人は集められなくなっています。このことに気づくことが大切です。

合同面接会に参加されたある施設長さんが、こう言いました。「学生が面接のテーブルに座った瞬間に、これは使えるかどうかがわかる！」と。施設長ともなれば、瞬間的にスタッフとしての資質があるかどうか見抜けるということなのでしょうが、考えてみれば、相手の学生もテーブルに座ったとき、この施設長と一緒に仕事をしたいかどうかを瞬時に判断しているわけです。

おそらく面接相手の学生は「あなた自身の鏡」であって、面接する学生に対して施設長が感じている気持ちを、そのまま学生はその施設長自身にわかるように見せているのです。だから、面接のテーブルに着く学生がすべて有能で、可能性があり、育て甲斐があると感じる施設長と、面接のテーブルに着く学生がすべて使い物にならないと感じる施設長では、人材確保の能力が大きく変わるのです。

人材確保に関して、暗い話題が多くなりがちです。しばらく前までは何もしなくても集まっていたのに、今は何かをしなければ集められなくなったのです。何をすればいいのかを考えるのはわくわくします。正直、どきどきもしますが。

人材確保が困難な理由は簡単です。職場に魅力がないからです。しかしながら、では何が魅力になるのか、あなたが魅力を感じていることや私が魅力に感じていることが、新人スタッフや新卒学生にとって同じように魅力的に感じることと思い込んではいけないのです。スタッフに金銭的報酬で報いるには無理があるならば、何で報いたらよいのか。あなたは考えたことがありますか。

福祉業界におけるスタッフ待遇、多くの場合それは賃金の金額に代表されるわけですが、その改善が求められていることは誰もが承知していることでしょう。人材確保のためには、賃金支払いのための十分な原資が必要であり、国に対して最大限配慮するよう制度改善を求めていく必要があります。ほとんどの福祉関係の事業者団体は実際に要望しています。高い給料を支払うことが必要不可欠ですし、現場での激務に真剣に取り組むスタッフには最大限の待遇で応えたい気持ちがあっても、ない袖は振れないというのが施設長や管理者の実感ではないでしょうか。

障害者福祉の領域では、障害者に高い工賃を支払おうとする試みが活発になればなるほど、それに取り組むスタッフの心のなかに「自分の待遇改善は今後どのように図られていくのだろうか」という暗い不安感がわき上がります。

「給料の金額よりも仕事のやりがいが大切」という発想もよく聞く言葉です。確かにそうなのでしょう。しかし、では仕事のやりがいを高めるために何が行われているのか、というと実際にはそれに対する取り組みはほとんどなされていないというのが実態ではないでしょうか。

就業規則こそ、組織のマニフェスト

先日、新たな社会福祉法人設立に立ち会いました。新規法人の立ち上げにあたり、諸規程の内容を検討しました。私はこのプロセスのなかで、仕事のやりがいを高めるためのヒントに一つ気づきました。

それは「就業規則」です。この規程は労働者に対する待遇や労働者に求めることに関する基本ルールです。労働環境等の整備に関して、使用者（福祉施設側）に課せられた義務なども明確に示されています。そして、新しい人材採用の場面では、この就業規則に記載されたルールにもとづいた説明がなされます。

就職を考えている学生さんも、この就業規則から導き出される職員待遇に必ず目がいくはずです。就業規則は、常時一〇人以上の労働者のいる事業所は必ず作成し、労働基準監督署に提出します。労働権にもとづく権利保障がもれなくついているかどうかが審査の対象となるのでしょう。だから就業規則（給与規程、介護休暇や育児休暇に関する規程なども含みます）は、どこの施設でも似たり寄ったりの内容になっているはずです。

けれどもこの「就業規則」は、これから就職を決めようとする学生さんに対する配慮が十分に含まれていないのです。目の前にいる求職をしている学生（応募者）に労働条件などを説明していくときには、間違いなくこの就業規則をもとに説明していくにもかかわらず。

そこで一つの提案ですが、「就業規則」を変えてみませんか。お金を使わなくても全力で働くスタッフの「やる気」を引き出し「仕事のやりがい」を感じるタネを、この「就業規則」のなかにしっかりと書き込みませんか。まずはスタッフとともに「就業規則」を変える話し合いの場をつくってみませんか。どのような改善があれば働きやすくなるか、主体的に考える場をつくるのです。「仕事のやりがいは自分たちでつくり上げる」というプロセスは、とても大切です。「就業規則」には書かれているけれど実態は記述どおりになっていない、ということが発見できれば、自分たちの仕事のやり方を就業規則に合わせるか、就業規則を自分たちの仕事のやり方に合わせるか、どちらかのことをすべきです。

特に、若いスタッフがどのようなところに働きやすさを感じているかを、ぜひ本人たちから提案してもらいたいものです。このようにして、他の職場とは異なる特長を見つけていくことができます。そしてこのことを進路・就職を考えている学生や学生の進路・就職を仕事にしている大学・専門学校の就職課の先生方に伝えていくことが必要ではないでしょうか。あなたの施設の「就業規則」を、全スタッフにすぐ配付しましょう。そして見直していきましょう。給料の金額ではない新しい魅力は、何が何でもつくり出さなければなりません。そして、必ずつくり出すという強い意志を、施設長はもたなければならないのです。

残業ゼロ

日経ビジネスのバックナンバーに目を通していましたら、二〇〇五年四月四日号に「社員を満たす会社」特集がありました。このなかで、岐阜県の未来工業が紹介されていました。カネより時間がやる気を起こす、ということで、年間休日一四〇日、残業ゼロで高収益をあげている企業です。

この会社の創業者（現相談役）は「経営者の最大の仕事は、社員の不満を取り除くこと。人間は働きたくないから、それに応えることがやる気につながる。工夫して労働時間を減らすのには金がかからない」という信念をもっているのだそうです。「給料だけで満足させるには限度があり、金はすぐに既得権益になり効果が薄れる。年収二〇〇〇万のパイロットだってストライキをする」「ノルマを与えて成果に応じた給料を支払うことは、働かなくてもその分のペナルティを支払えばよいという言い訳を与えることになる」……。

ほとんどの会社が、社員に対して他社と差別化せよと要求するが、肝心の経営が横並びの発想になって自ら何も挑戦していない、というこの創業者の発想は、特別のオリジナリティがあるわけではないにもかかわらず、とても新鮮に映ります。福祉業界には、サービス残業は当然のようにあります。通所施設ではまだしも、入所施設は利用契約者が二四時間三六五日利用しているので、勤務時間の定時に退勤するのが困難なときが多く見受けられます。それが当然の景色となり、時間どおりに退勤するスタッフがむしろ肩身の狭い思いをしなければならないという悪弊がはびこっています。

だから「挑戦」が大切なのではないでしょうか。「残業ゼロ」を目標に仕事の工夫をする組織は強くなります。私たちの福祉施設・事業所でもできるはずです。残業しなければならなくなるのは、仕事のやり方が不十分なのです。残業をしなくてすむように仕事はすべきです。決められた時間内に仕事を仕上げるのは当然です。

少なくとも、残業せざるを得ない状況があったとしても、そのことに対して自分がヒーロー・ヒロインになってはならないのです。残業をする人が残業をしない人を見下してもいけませんし、その逆もまた、あってはならないのです。「残業をする姿が仕事に熱心であり、定時退勤は仕事に対して情熱をもっていない証拠」と決めつける姿勢こそ改めなければなりません。そして残業ゼロにするには、職場全体で取り組む必要があります。つまり施設長が本気になれば残業はゼロになるし、施設長がその気にならなければ残業はゼロになりません。

職場の魅力を一〇個書き出そう

前厚生労働省専門官で横河電機株式会社人財部の箕輪優子氏が、ご講演のなかで「就労支援にかかわる方は、企業に就職することのメリットを一〇項目以上挙げられますか?」「障害のある方一人に対し、支援者(教職員)三人から合計三〇項目の「よいところ」を伝えられる組織と、支援者(教職員)が三人集まっても数個しか「よいところ」を言えない組織では、他者を支援する力に大きな差があります」と強調されていました。

このことから、福祉の人材を集めるために、自分の勤務する職場(施設・作業所)の魅力を一〇個書き出すことが大切な作業であると感じました。施設長も当然行うべき作業ですが、スタッフにも行っていただきます。書き出すものは「魅力」です。勘違いなされないようにお願いします。「改善点」や「欠点」を書き出しても、その作業のなかからは魅力ある職場づくりのヒントは見つけられません。改める用意のないところで「欠点」を指摘されることは、やる気の喪失につながります。改善のエネルギーは生まれません。「魅力の発見」作業に、すぐに取り組みましょう。

仕事の喜びの鍵を握る「ケアプラン」

また、スタッフに報酬で報いるには無理があるならば、何で報いたらよいのか。私は「ケアプラン」「個別支援計画」に、それに答えるヒントがあるような気がしています。職場の魅力を引き出すために、スタッフが仕事中に感じる達成感や、職場に必要とされていると実感できる喜びをどのようにして手に入れるかを考えてみましょう。「ケアプラン」「個別支援計画」がその鍵を握るのです。

ケアプランを作成するのはケアマネージャーの役割であり、個別支援計画を作成するのはサービス管理責任者の役割です。また、計画通りに介護・支援が行われているかどうかの管理もまた、ケアマネージャーやサービス管理責任者の役割です。けれども一人ひとりのスタッフが、他人の作成したケアプランや個別支援計画にもとづいて介護・支援をするならば、そのスタッフは仕事の達成感を得にくくなります。

ケアマネージャーやサービス管理責任者がケアプラン・個別支援計画全般に責任をもつとしても、そのプランにもとづいて介護・支援をする中心はスタッフです。利用者を前にしてスタッフが仕事の達成感を感じるしくみが、なんとしても必要です。一方、ケアマネージャーやサービス管理責任者にとっては、スタッフが実際の介護・支援を通じて仕事の達成感を感じているのを見て、喜びを感じるしくみが必要なのです。

利用者とそのご家族が、ケアプランや個別支援計画とそれにもとづく介護・支援に感謝の気持ちを表明されるとき、そのことに心から幸せを感じるのはスタッフの特権です。当然のことながら、ケアプランや個別支援計画書には、担当スタッフがいったい何をするのか、という決意が書き込まれていなければなりません。サービス利用契約期間中に、担当スタッフが最低限これだけは必ず提供する、という決意が明確に書き込まれていなければなりません。

ややもすると、介護・支援を受ける利用者に対して「これだけはやってもらいます」というような内容を並べ立てて、ケアプラン・個別支援計画と見なしてしまうおそれがあります（特に障害者支援の領域では、残念ながら多く見られます）。特に注意をしなければならないところです。

さて、業界を問わずすべてのサービスの基本原理は、「提供者の主体性」です。サービス提供者は、お客様から言われたことを一〇〇パーセント実行しても、一〇〇点満点を取ることはできません。なぜならば「お客様から言われなくてもやる」サービスに頭を越されてしまっているからです。ニーズに対応するだけでは感動をつくり出せません。そして「言われなければやらない人」「言ったことしかやってくれない人」の魅力は長続きしないのです。お客様にとって、自分のことを真剣に考えてくれているという実感ができないからです。

例えば、認知症の高齢者や知的障害者のなかには（本当は高齢者や知的障害者に限ったことではないのですが）、自分の思いを表明するコミュニケーションが不得手な方がいます。このような利用者に対する介護・支援は、言われたことをやるという姿勢では、全く役に立ちません。サービス提供者の先へ先へと回る思考と、観察のセンスと、実際に動くためのエネルギーが必要です。利用者の感動と感謝は、「あなたに必要な介護・支援とはこういうものではないでしょうか」と本人が気づく前に提供されるところに生まれるのです。

ケアプランや個別支援計画を作成するときには、対象となる方のアセスメントが大切なことは間違いありません。このアセスメントによって課題が明確となり、介護や支援の方針が見つけられるのですから。しかし、本当のサービス提供計画には、この課題を前にして、対象となる利用者とそのご家族に対して、スタッフがいったい何をしたいのか、どのようなサービスを提供したいのかが、明確に書き込まれていなければなりません。このサービス提供計画はさらに根拠があって、測定可能で、管理可能でなければならないのです。この三点からの検討がないまま計画（またその目標）を設定してしまうと、介護や支援が実際にできたかどうかの検証があやふやになってしまうからです。

ケアプランや個別支援計画は、だから担当するスタッフの個性が大きく現れます。そのことは、とてもよいことなのだと思います。それこそが、人が人に支援をする最大の特徴だからです。ケアプランや個別支援計画書は、その計画を遂行するスタッフによって内容が変わってくる、このようなことが、「生きた個別支援計画」の証拠です。一人ひとりのスタッフにとっては、なんだか自分という人間の本性が現れてしまうようで不安に思うかもしれませんが、だからこそ喜びにつながるのです。介護・支援対象となる利用者とそのご家族の喜びをそのまま自分の喜びにできるスタッフこそ、福祉施設の人財です。

ケアプランや個別支援計画の作成に主体的にかかわれるかどうかが、スタッフの幸せを保証できるかどうかの分岐点です。ケアマネージャーやサービス管理責任者は、利用者の意向に十分に応える計画作成を行うのは当然のこととして、そのレベルを超えて現場スタッフの力を引き出し、十分に活用する計画をつくれるかどうかが問われているのです。もちろんこのことは、ケアマネージャーやサービス管理責任者だけが背負う責任ではなく、現場のスタッフと共有すべき課題です。

そして施設長にとっては、このような計画の協議や介護・支援の協力・実践の場を整えることが、重要な役割として明確になってくるのです。このように考えていくことで、給料の金額の多寡にとらわれない世界が見えてくるのではないでしょうか。

2 パラダイムシフトを体験させよう——マニュアルを超えたところにあるもの

感動を共有することで人は大きく成長する

パラダイムシフト、つまり自分の価値基準・世界観が変化することを通じて、人は育ちます。施設長が人財育成のエキスパートになれるかどうかは、このパラダイムシフトをスタッフに体験させられるか否かにかかっています。そのためには、施設長自らがパラダイムシフトを体験しなければなりません。突然、自分の今までの人生は何だったのだろうかと考え込み、今日までの自分とは全く異なる明日からの自分を確信できるような体験。このような体験は「与えられる」ものではありません。少なくとも。自分から求めて体験するものなのです。

最高のサービスは、自分がまず体験する必要があります。自分が心震えるほどの感動をする必要があります。そうして初めて、人を感動させたいと願うようになるのです。福祉施設の現場でも、サービス利用者やそのご家族が感動するようなサービスが、日々展開されています。そして、このことは確実にいえることですが、感動サービスを提供しているスタッフは、最高のサービスを受けたことがあります。または最高の待遇を現在進行形で受けています。だから感動のサービスとは、自分が受けた感動を他人と共有することなのです。人財育成とは、この感動を体験させ、パラダイムシフトを体験させることです。この体験をしたスタッフはお客様へのサービスを自発的、能動的に求めるようになります。

さて、あなたは感動のサービスを受けたことがありますか。もしも自分の最愛の家族が余命宣告を受けたと考えてみてください。その家族に、生きているうちに体験させたいサービスとは何ですか。そのサービスの一つに、あなたが勤務する施設の福祉サービスを含めることができますか。

夢と魔法の王国、東京ディズニーリゾートでは、キャスト（スタッフのことです）は、ゲスト（来園者のことです）がパーク（つまり夢と魔法の王国です）で素敵な時間を過ごすことに、自主的・

能動的に取り組んでいることで有名です。そこには「超絶スキル」が書き込まれたマニュアルがあるのではないかと、開園当初から多くの視察者が訪れました。しかし、マニュアルを超えたものがあるのです。一人ひとりのキャストは、ゲストがどのようにしたらパーク内で夢の時間を過ごすことができるのか、夢から覚めずにパークで過ごすことができるのかを考えています。そのことによって、ゲストのなかに多くの感動を呼び起こすことができるのです。

ゲストのなかには、パーク内での感動体験をオリエンタルランド社（ディズニーリゾートの運営会社）に投書する人がいます。人は、自分が今までに体験したことのない心の底から感動するサービスを受けると、自然に「返礼」をするのです。その返礼メッセージを受けたオリエンタルランド社は、このメッセージをキャストで共有するのです。この共有体験が、キャストの自主的能動的サービスを引き起こすようです。マニュアルではなく、ゲストの喜びの声を共有するしくみにポイントがあるのです。つまり、これがキャストにとってのパラダイムシフトになるのです。

福祉の現場でも、利用者やご家族から涙ながらに感謝されることがあります。たくさんあります。このような事実を、スタッフ全員で共有するしくみがあるでしょうか。あなたの施設・事業所ではどうですか。

スタッフは誰でも、利用者やそのご家族、関係者から最高の感謝を受けるときがあります。この事実をスタッフ全員で共有するのです。感謝されたスタッフ自身が、自分から「こういうことがありました」と仲間や後輩・上司に報告することができるでしょうか。なかなかできません。だから施設長がするのです。一人のスタッフが誉められたことをスタッフ全員で共有するには、施設長がそれをしなければならないのです。スタッフにパラダイムシフトを体験させるとは、そういうことです。

最高のサービスとは自発的・能動的サービスである

このことからわかるように、最高のサービスとは、言われたことや頼まれたことを超えて、自分から率先して自発的に行動するものです。スタッフに対して施設長が期待していることの実現が、施設長にとっては一番心地よいのですが、サービス利用者にとっては必ずしもそうではないようです。

施設長が注意しなければならないのは、自分の言いなりになるスタッフが能力あるスタッフだと見間違えることです。スタッフの力と魅力は、自発的に行動したいことのなかに潜んでいます。そしてそのことは、施設長にとっては迷惑に感じることもある、ということです。

施設・事業所にとって新しい道や、利用者にとって新しいサービスの開発と提供は、すべてスタッフの誰かによって自発的に産み出されます。もちろん、施設長によって創造されることもあります。

スタッフが自分の力を最大限に発揮するかどうかは「自発性」の有無によって判断できるのです。そしてその自発性・能動性が、施設・事業所に永続性をもたらす最大の要素なのです。

3 人財こそ最強の武器

スタッフの顔を売り出そう

福祉施設の人財であるスタッフは「武器」なのです。誤解を招きやすい表現で恐縮ですが、サービス業にあっては、直接提供を担当するスタッフこそが一番の強みになるのです。

船井総合研究所の小山政彦社長は、ある講演で「すべてクレームは人に起因する」と話していました。逆説的ですが、人財こそが組織の一番の武器であることには違いがないのです（どうしても武器という表現が納得できないならば、「財産」と置き換えてください）。

したがって、その施設にどのようなスタッフがいるかどうかで、施設の評判は変化します。

当然、施設の方針として、どのスタッフが担当しても最低限これだけのことは保証します、というレベルを設定して、全スタッフのレベルアップのための教育・研修を実施するでしょう。しかしそれでも、施設スタッフはその施設の顔になるのですから、どのようなスタッフがいるかどうかはとりわけ重要な要素となります。また、このような発想をすることで、積極的に施設スタッフの顔を売り出すことができるのです。

教育業界、学習塾や大学などは、名物講師、名物教授などを積極的に活用します。大学では集客（という表現にはなじみませんが、それでも学生集めに有効な）能力のある人財を教職員として集めています。予備校でも学習塾でもそうです。スポーツクラブでも、スタッフの顔を売り出して集客を図っています。これは学校案内や募集チラシなどをよく見ればわかることです。スタッフで人を集める、という発想をもちましょう。スタッフが武器、とはこのような意味からなのです。

このように考えれば、さまざまな考えや特長をもったスタッフが幅広く所属している組織が強みを発揮します。幅広いのですから、だいたい半数のスタッフの考え方・価値観は、施設長には理解できなくてよいのです。それが幅広さです。

とかく施設長は、自分に理解できないことがあると「スタッフの意識改革」をもち出しますが、どんな施設長であっても組織に所属するスタッフ全員のよさを心の底から納得することはできないのです。施設長の眼からすればとても納得できない考え方をするスタッフは、必ず存在します。

どのような考え方・価値観をもったスタッフであっても、そのスタッフに心酔する利用者はいます。必ずいます。それでいいのです。あなたが福祉の仕事を天職として選んだのも、すべての人には天賦の人権が平等にあると心から信じているからでしょう。同じことです。

すべてのスタッフは力をもっていますし、その力を発揮できるのです。しかし施設長には、残念ながらそのすべてを認める力はありません。そのことは認めましょう。どうしても納得できないスタッフがいるし、そのスタッフが力を発揮できる場を用意してあげられない……。自分には限界があります。

だから、チームで戦わなければならないのです。常に仕事は団体戦です。一人ひとりの力には差があるように見えたとしても、誰一人欠くわけにはいきません。施設長はいつでも、すべてのスタッフに支えられてこそ仕事を完遂できるのです。

自分の施設にいるスタッフの顔が外部の人にしっかりと見えて、A介護スタッフに介護を受けたい、B指導員に支援を受けたい、Cジョブコーチに就労支援を受けたい……と、このように名指しでサービスの依頼が来ることを目指しましょう。そのためには、施設長として何をすればよいのでしょうか。どのような情報を外部に発信していけばよいのでしょうか。このような発想をし続ければ、施設・事業所は自然にオープンになります。そしてスタッフにも職場のなかにも外部の眼が行き届くようになり、心地よい緊張感が漂うようになります。

4 日本の福祉への貢献を目指すスタッフを育てよう

直接支援サービスの時間をつくり出そう

施設・事業所のスタッフは、サービス利用者に対して一日どれくらいかかわっているでしょうか。あなたは考えたことがありますか。

「営業マン」という言葉をよく目にしたり耳にしたりするでしょう。民間企業で、商品やサービスの販売に直接かかわるスタッフをこのように呼びます。福祉施設では、直接対人サービスである福祉サービスがいわば商品ですから、このサービス提供を担うスタッフが「営業マン」なのです。

あるアンケートによると、なんと営業マンの八割近くが、顧客と直接かかわる時間が勤務時間の一〇パーセントにしか過ぎないそうです。もちろん残りの九〇パーセントは、遊んでいるわけではないのです。それでも直接顧客とかかわる仕事をしていないのです。

ひるがえって、施設・事業所のスタッフの活動に置き換えるとどういうことになるのでしょうか。

スタッフは一日八時間働いています。四八〇分です。一〇パーセントは四八分。一時間足らずです。福祉サービスの利用者に直接介護をしたり、話しかけたり、相談を受けたりする時間を積み上げたとしたら、どうなるでしょうか。おそらく四八分という数字を見て、考えられない、と憤慨するほどじっくりとかかわっているスタッフはいるでしょう。しかし一方で、実のところ四八分もかかわってなんかいないというスタッフも多いはずです。あくまでマンツーマン対応している時間として考えてみてください。営業が本業である営業マンでさえこのような実態だとすると、福祉施設のスタッフが同程度の時間しかかかわっていなかったとしても不思議なことではないのです。

営業マンは、営業以外のことに自分の勤務時間を費やしてしまっています。だから営業成績を上げるには、このような社内の実態にメスを入れていくことが必要になるのです。営業日報を書いたり、移動したり、資料を作成したり、という時間をいかに削減して、直接顧客にかかわる時間に転換していけるかどうか。これが成績を上げるための組織変革の道筋です。福祉施設でも同様に考えることができます。つまり、施設・事業所の仕事を見直して、スタッフのスキルがアップする環境を整えるために、スタッフが利用者と今よりも長い時間直接かかわれるようにするのです。

人材育成というと、とかく研修というキーワードが思い起こされますが、実はその前に施設長がやるべきことがあるわけです。

勤務時間の使い方の見直しは必要です。そのためにはタイムスタディが必要です。施設・事業所のスタッフの仕事ぶりを分刻みで点検するというこのタイムスタディ調査は、このように「スタッフが今よりもっと多く顧客と直接かかわり、そのことでサービスの質を上げること、そしてそのことを通じて福祉サービス利用率の向上（民間企業ならば営業成績の向上）につなげるため」に有効な調査なのです。人材育成の第一歩は、スタッフが直接支援にかかわる時間を増やせるように、職場環境を整えることから始まるのです。

ケース記録のフォーマットを改善しよう

施設・事務所のスタッフがほぼ毎日かかわる仕事が、ケース記録の作成です。ケース記録は何のために作成するか、あなたははっきりと答えることができますか？　正解は一つではありません。さまざまな効果や意義がありますから、人それぞれ異なった答えをしても問題はありません。ただ、これだけは忘れていけない、ということがあります。

それは、作成した労力を上回る成果を得る、ということです。何のためにケース記録を作成するのか、といえば作成した労力を上回る成果を獲得するためです。どのような成果を獲得するかをあらかじめ想定していない「ケース記録」のフォーマットは、設計ミスです。ケース記録からどのような成果を引き出すかを考えないまま作成しているとすれば、相当な時間の無駄遣いになってしまいます。前項で、直接対人サービスの時間が一〇パーセントに過ぎない、と書きましたが、それは右のような作業が九〇パーセントの一部を構成してしまっているからなのです。

では、どのような成果を想定すればよいのでしょうか。ヒントは、ここでもケアプラン・個別支援計画にあります。ケアプラン・個別支援計画が達成できたかどうかの分析と評価がケース記録から引き出せるならば、その作成作業は意味があります。ケアプランや個別支援計画のモニタリングや評価は、どのように実施できるかといえば、それは日々のケース記録のなかからつくり出せるはずです。モニタリングのために改めてインタビューをしなければならないとすれば、日々のケース記録の内容は充実しているとはいえないのです。

このような観点から、ケース記録のフォーマット（記録すべき項目群）を検討することは大切です。不要不急な項目を「いつかは大切になるはず」「記録しておけば安心」という思い込みで、スタッフに毎日記入させているとすれば、なんとしても改善しなければなりません。このようなことが原因で、直接対人サービスの時間が蝕まれているからです。

業務の効率化は、施設長にしかできません。だからケース記録の設計・デザインやその改良は施設長がします。あるいは施設長が命じてスタッフにやらせます。ケース記録の作成に費やす時間を半減すれば、代わりに手にすることができるものが見えてきます。

なお、ケアプランや個別支援計画のモニタリングや評価にケース記録を活用するには、ある条件が必要です。それは何かというと、「ケアプランや個別支援計画は評価測定可能な指標をもって作成されていなければならない」ということです。

ところが、ケアプランや個別支援計画には、明確で測定可能な目標が定められていないことが多く、それが原因でケース記録のなかに評価・分析が可能となる記述ができなくなるのです。

ここまでは、ケース記録の作業やケアプラン、個別支援計画の設計・デザインにかかわる留意点であり、第一段階といえます。

ケース記録の作成に取り組むスタッフの姿勢や情熱に対して、施設長がどのような評価をするかということ、それに施設長がかかわることでスタッフのモチベーションを引き出そうと考えることは、次の段階のことなのです。

施設長の鏡はスタッフ。スタッフの鏡は……？

新年度を迎えると、新しいスタッフが増えます。スタッフの異動もあります。この時期になると、巷には新しく管理職になった人に向けた書籍が多くなります。リーダーとしてどのように部下に接するか……などという悩みを抱える方が多くなるからでしょう。

新人を含めてスタッフはすべて、施設長にとっての鏡です。今時の新人は全く使えない……という悩みがあるということは、施設長やリーダーの働きがここ数年停滞しているということの証明になるということです。スタッフの働きぶりは、施設長そのものの働きぶりなのです。だから私は「うちのスタッフはよく働く」とできるだけ言うようにしています。（ここは笑うところです）。

一方で、スタッフの鏡は何でしょうか。もう答えはおわかりですね。施設長です。スタッフの働きぶりが施設長の働きぶりに映るのです。私はいろいろな人から「うちの施設長は……」という悩みのような、グチのような話を聞かされることがあります。基本的にこのような話は生産的ではないのでできるだけ聞かないようにしますし、施設長（や上司となるリーダー）の働きぶりを批判したり中傷したりする人の話は信用しない、と決めています。施設長や上司を批判することで、環境がよくなることはないからです。

　ひるがえって自分のことを考えてみてください。あなたのためになると思うから、と正面から批判されて、またはかげぐちを言われて「やる気」が生まれるということはないはずです。利用者の幸せやその職場で働くスタッフのモチベーションや生きがいのために、今の施設長に不足しているものは……等と批判を続けることで環境が次第によくなると期待するのはとても無責任なことです。当事者意識の欠如と言われてもしかたがないでしょう。だから、施設長にとっても「スタッフに欠けているのはやる気だ」とか「意識改革が必要だ」とか批判や評論や分析を続けていてはダメなのです。

　鏡に映った自分の姿を見て、つまりスタッフの姿を見て、自分が何をしなければならないかを考えましょう。誰でも変えることができるのは「自分」だけで、「他人」を変えようとすることからすべてのつまずきが始まるといっても過言ではないのです。そこで、自分が何をするかですが……。ポイントは「行動」と「情報のインプット」にあります。「思考」もまた大切なのですが、行動がなにより大切です。

　行動が鈍くなってきたときに、そのことを指摘してくれる人が身の周りにいることはとても幸せなことです。もし、そのような人はいないと感じる人は、そのときこそ改めて自分の身の周りにある「鏡」に注目しましょう。あなたの行動が素晴らしく輝いているときは、自分を支えてくれるスタッフのやる気のなさとか情熱のなさとかは気にならないものです。一方、スタッフの考え方や行動が気になって仕方がないときは……そうです、あなた自身の行動が停滞している、あるいはあなた自身の情報のインプットやアウトプットが滞っているのです。

どんなときでも、スタッフは必ずあなたが施設長としての進むべき道ととるべき行動を示唆してくれています。

そして施設長もまた、スタッフであるあなたの進むべき道ととるべき行動を示唆してくれています。

五年後、十年後の自分をイメージしよう

福祉の人財をつくり、育てるのは施設長の重要な役割です。

あなたは、ＴＯＰを目指すスタッフを育てられるでしょうか。組織を永続させるために、施設長である自分の次の施設長、そのまた次の施設長を育てる意識を常にもち続ける義務があります。

組織には、その設立の理念を携えて、戦略を立て、戦術を練り、人財を初めとする経営資源を配置しながら、自らのミッションの実現に向かって全力を尽くす経営者・施設長が必ず必要です。このの経営者・施設長には、そうなりたいと思う人だけがなれるのですから、組織を永続させるためにも、多くのスタッフに「施設長になりたい」と思わせることが第一歩です。施設・事業所のスタッフにはぜひ、五年後、十年後の自分をイメージしてもらってください。「どのような自分になっていたいですか」と。

もちろんその前提として、施設長であるあなたも、自分がまずイメージしてみてください。例え

ば五年後、あなたの施設はどのようになっていますか。どのような施設・事業所に育っていれば、自分のミッションが達成できた、と評価することができますか。施設長という仕事を通じて、どのようにして日本の福祉に貢献できますか。自分自身の力を最大限に発揮したら、どのような幸せをこの世の中につくり出すことができますか。

「日本の福祉に貢献すること」。これが施設長のもつべき志ではないでしょうか。ここでこの本を読んでくださっている施設長であるあなたに問いたいと思います。スタッフであるあなたにも問いたいと思います。

あなたは自分のどのような長所を活かして日本の福祉に貢献しますか。

あなたは日本の福祉の向上に貢献するために、自分の力を最大限発揮していますか。

5 スタッフの幸せこそすべての源泉

新人スタッフの育成ポイント

職場はチームで仕事をするところなので、どのようなスタッフでも、活躍の場を見つけられるなら最高の力を発揮できるものです。あなたの職場に新人スタッフを迎えたときは、いち早くその力を引き出すことを考えなければなりません。新人スタッフは自分が必要とされていることに気づけば驚くほど早く（たいていは自分より成長が早いとうらやましく感じるほどです……）成長します。ただし、何もサポートせずにいたら、あっという間に職場から去ってしまいます。注意が必要なところです。

組織づくりは人付き合いと言い換えてもよいかもしれません。よい人と関係をもち続けることは、仕事をするうえでとても重要なポイントとなります。よい人とは、仕事に成功し、結果を残し、さらに上昇気流に乗っている人のことです。人間は会って話を聞いている人の影響を受けます。「自分は影響を受けない」と思っていても、どうやら脳は、知らず知らずのうちに影響を受けているようです。潜在意識にその影響が及ぶのです。

例えば、食事のとき身体によいものも悪いものも同時に食べてしまってから、内臓に向かって「よく選んで悪いものは吸収しないでそのまま出しちゃってね」と命令しても、そんなことはできません。食中毒になろうとも、すべて身体は吸収しようとする方向に全力で動きます。脳もそうなのです。

だから、見たり聞いたり読んだり……と、あらゆる外部からの情報を選ばないまま脳にインプットすると、さすがに脳のメモリがパンクすることはないようですが、悪いことであってもそのまま吸収されます。外部からの情報には「身体に悪いもの」があります。身体がメタボにならないように努力する必要があるように、精神的なメタボにならないような努力もまた必要なのです（ちなみに私は、そのためにテレビを見るのを止めました。早朝のニュースを数十分見る以外は、テレビを見ません。その分、読書をしたりウォーキングをしたりしています。結果的に勉強の時間をたくさんつくれるようになりました）。そのことに気づかないと、どんどん脳が悪化します。潜在意識に汚濁情報が流れ込んでしまいます。

このように考えると、マイナス発想をしたり他人の悪口を言い合ったりするグループと付き合っていると、脳が悪化してしまうことに気づきます。つまり「プラス発想」をしてよい仕事をすることの妨げになってしまうのです。このようなグループ・人からは距離を置く、遠ざかることが必要です。何かにつけて他人を中傷したり、仕事に関して、できない、忙しい、わからないなどと否定したりする人とは離れなければなりません。もしも自分がそのようなことをしてしまっているという自覚があるならば、すぐにやめなければなりません。そして新人スタッフをこのような環境からは離さなければなりません。

ただし勘違いしないでほしいのは、マイナス発想をしたり他人の悪口を言い合ったりするスタッフであっても、そのスタッフを心酔する利用者は必ずいるということです。組織にとって不要な人財はないのです。チームで仕事を遂行するためには、すべて必要な人財です。マイナス発想をしたり他人の悪口を言い合ったりすることは欠点ではありますが、それと同じ量の長所が必ずあります。だから、そのチームの維持に十分な注意やサポートが必要だということです。

モラルがあるとはどういうこと？

二〇〇六年一二月、現在のサッカー日本代表監督の岡田武史さんの講演を聞きました。チームモラルについて岡田監督によれば、モラルを高めようとしてルールでしばってもダメなのだそうです。口で言わなくても自然にそうなるようにならなければ、モラルが高い組織とはいえない。また、例えば選手が失敗したとする。下手なパスを出したとする。そのとき、コーチがミスを指摘するのはチームにモラルがある状態ではない、仲間がミスを指摘するのがチームにモラルがある状態である、と。

では、そのような状態にするには、どうしたらよいのか。ルールでしばるのは最低。魔法の一手があるわけではない。いろいろと手を使って、時間をかけてチームにモラルをつくり出すのだそうです。

答えが見えないことに取り組む決意は、トップだけができます。ここでも、何ごとも目標を設定して、その目標に向かって突き進む強い意志があるかないかによって、結果が格段に違ってくるようです。

権利擁護は、幸せなスタッフができるのだから

福祉サービスの現場は、ともすると権利侵害が起こりがちです。サービスの受け手である高齢者や障害者、子どもは、サービスの内容や提供方法などについて異議を述べることが不得意であることが多いからです。

第1章で、「すべての施設スタッフは、施設長も含めて『虐待』をしています。すべての人間は『虐待』をします。だからその虐待から決別することが大切なのです。虐待と決別することは、人間としての使命です。しかし『虐待をしているか』『虐待をしていないか』という問いは無意味です」と書きました。私たちは無意識のうちに、虐待・差別をしているのです。だから、いつでもそこから脱却することを考えていなければなりません。そのための方法をここでは考えてみます。

私は、権利擁護は幸せなときにしかできないと考えています。我が運命を呪っているとき（少々大げさな表現かもしれませんが、自分は不幸である、自分の真の力を認められていない、自分の努力は徒労と化しているなどと思い込んでいるとき）には高齢者介護や障害者支援はできないと考えています。

だから、スタッフを幸せにするしくみが必要なのではないでしょうか。スタッフが家族や友人に仕事場のことを自慢できるような「きっかけ」が必要です。このようなきっかけは日常の仕事のなかでは見つけにくいから、非日常の仕事のなかで見つけるようにしています。非日常のことといえ

ば、例えば施設・事業所で行われる行事・イベントです。人は、仕事のなかで幸せを感じる（あるいは自分が重要視されていることを感じる）から、そのことを家族や仲間に話す（自慢する）のではなく、家族や仲間に話すから幸せを感じるのです。だから話すネタを提供することがポイントになるのです。あなたの職場で働くスタッフが、職場で起こった出来事を家族や仲間に伝えるネタをどのようにしたらつくり出せるのかを、日頃から考え続けることが必要なのです。このようにして、幸せを感じるきっかけを一人ひとりのスタッフに提供することで、権利侵害や虐待から決別することができるのです。

長く勤めることを求めて

「資格は問わず」という門戸を広げた求人は、スタッフの定着には結びつきません。具体的に「〇〇のような情熱とスキルをもった人財を求める（現時点でもっていなければ、少なくともいつまでには獲得することを求める）」という姿勢を明確にもつべきです。それもできるだけスタッフが具体的な活躍の姿をイメージできるような形で。それが施設長のもつ人財教育の方針になるからです。

一方で、福祉現場ではスタッフの仕事のよさを評価する基準は簡単には決められません。介護・支援にはスタッフの自主性が重要になります。「ケアプランが仕事の喜びの鍵を握る」（一五五ページ）と書きましたが、スタッフに求められるサービスには、標準以上の品質が保証されることが前提です。あくまで「スタッフの自主性」が「サービスのバラツキ」ではないことがポイントなのです。しかし、このことの根拠を示して証明することは容易ではないのです。

福祉業界において、この根拠ともいうべきスタッフのあるべきスキルを、現場レベルで明確に共有化することへの取り組みが弱いのは事実です（でなければ「資格は問わず」という求人募集が広く行われているはずがありません）。このことに対する改善が、いま求められています。三十年後、五十年後の福祉の人財づくりに向けて考え続け、かつ行動を開始する必要があります。

そのための一歩として取り組むべきことは、スタッフの勤続期間を長くするという発想です。安心と信頼に裏付けられた対人サービスの実現のためには、「経験」がスタッフの資質の重要な要素になることは間違いないからです。

スタッフに長く勤めてほしいという要請を発信し続けることが施設長に求められています。具体的には、組織の定年制の見直しを考える必要があるでしょう。またスタッフ自身に自分のキャリアアップの過程を見えやすくするしくみをつくり上げる必要もあります。よく「スタッフに対して要求する仕事のレベルを明確に伝えなければならない」と言われますが、このことは成長の過程を見せることで実現できるのです。

「できるだけ長く勤めてください」と声をかけたときに、スタッフが力強くうなずける職場とするための体制（待遇など）を用意した施設長だけが「人の入れ替えは、若い活力・新しい風によって組織を活性化させるきっかけだ！」と言えるのです。そのための待遇を用意しないならば、スタッフの入れ替わりは、新しい風とはならず組織の弱体化につながるだけです。

第5章

施設長の仕事発想法あれこれ

1 工賃アップのコツ［障害者福祉の領域］

どうすれば工賃倍増計画を最大活用できるか

二〇〇七年度から「工賃倍増計画支援事業」（福祉施設で働く障害者の工賃を二〇一一年度末までに現在の水準から倍増させることを目標とする「工賃倍増計画」を各都道府県が策定し、同計画にもとづく事業に対し補助を実施）がスタートしました。「工賃倍増計画支援事業」とは、工賃の月額平均一万五〇〇〇円を三万円に倍増させる支援事業です。何ができるかを考えていくことは楽しみです。この事業で目標を達成するために、何ができるかを考えていきましょう。

工賃アップではなく工賃支払い能力アップ

さて、工賃の月額平均一万五〇〇〇円を三万円に倍増させる支援事業の目標を、正しく読み替える必要があります。平均工賃を上げるためには、あなたの事業所で何をすればよいのでしょうか。もちろんそれぞれの事業所の工賃が倍増すれば、結果として平均工賃が倍増するでしょう。しかし、ここはもう少し正確に目標を設定する必要があります。

工賃は一人ひとりの障害者が受け取る作業報酬ですが、その工賃をアップするため、と考えると、利用者の能力アップがその前提として不可欠だという壁にぶつかります。そして「支援をしている目の前の障害者の姿を見てもらいたい。このような状態で工賃アップできるはずがない」とか「今も真剣に一生懸命働いているのに、この倍働けというのか」とか「行政が施設に積極的に仕事を発注しないのだから、仕事が増えるはずがない」という隘路に迷い込んでしまいます。

工賃アップの正しい表現は「工賃支払い能力アップ」です。目の前にいる利用者の働く能力がたとえ上がらなくても、たとえ変わらなくても、それでも高い工賃を支払う能力を事業所が手にするにはどうすればよいか、ということです。実際、施設・事業所のスタッフの給料算定の際に、「働く能力」が上がらないから昇級延伸という事態はないはずです（もっとも今は別の理由で賃金一律カットや賞与なしの事態が各地で生じていますが）。

工賃アップができない理由に「利用者側」の事情をもってくるのはフェアではありません。あなたが一人の労働者であるとして考えてみてください。障害者自立支援法による日割り制とか報酬単価引き下げによって事業所財政が悪化したり（外部事情）、経営者の放漫な姿勢やサービスレベル低下による顧客離れによって事業所財政が悪化（内部事情）したのに、労働者の能力が上がらないから給料が支払えないと言われたら、どのような気持ちになるでしょうか。施設・事業所の工賃支払い能力を形成する要素の一つに「労働者の資質・作業能力」があるのは否定できませんが、それだけではないはずです。だから、事業所の支払い能力を上げるという視点が大切なのです。

そしてその観点から、「目標」を設定する必要があります。事業所の「何」を「いつまでに」「どう」するのかが「目標」です。事業者の現状の何を、いつまでに、どのように変えるか。このことが目標です。今期の事業の目標売上高をいくらに設定するか、これが「工賃アップ」のための正しい目標設定方法です。

収入から経費を差し引いた収益を工賃に充てると考えたとしても、工賃を事前に経費化して事業計画を立てるとしても、売上が上がらないことには「結果として」工賃が上がらないからです。

既存事業を止めることができるか

さて、工賃月額三万円を支払うための事業として何を選択するかは、正しく目標を設定することによって見つけることができます。

例えば二〇名の利用者に三万円の工賃を支払うならば、毎月六〇万円の支払い資金をつくり出さなければなりません。純利五〇パーセントの事業を経営するならば、毎月一二〇万円の収入（売上）を確実にしなければなりません。月二五日営業ならば、毎日四万八〇〇〇円の収入を得られる事業を行うわけです。だから今までの事業を「事業収入を確実に、毎日四万八〇〇〇円以上にする」か「毎日確実に、四万八〇〇〇円の収入を得られる別事業に転換する」ことになります。

考えてみれば当然のことです。ところが、意外にもそこまでの追求をされない方がいるのです。つまり「工賃三万円を支払うこと」には賛同し、そのために「毎日確実に四万八〇〇〇円の収入を得られる事業に転換する」ことにも賛同したとします。もし、その収益を既存事業から得られないならば、既存事業はすぐに止めなければなりません。「井戸掘りを止めなければ別の水脈に気づくことはできない」からです。

重要なポイントですが、従来の仕事を続けながら新規事業を並行して見つけることはできません。まず、既存事業を止めることです。この「止める決心」が「既存事業の見直し」の第一歩なのです。あなたなら、気づくことができるでしょう。なぜ多くの事業者が既存事業の見直しへ踏み出せないか。現在の事業を止めること、現在の工賃さえいったん支払えなくなることを受け入れる、という第一歩がないからなのです。

さらにもう一歩踏み込むならば、支払うべき工賃の額をいくらにすべきか、という検討をするときに、当然のことながら、世間一般では最低賃金を下限とみています。したがって、例えば時給七〇〇円で一日六時間、月二十三日働くときは、九万七〇〇〇円が月の収入として当然の額（最低額）であり、当面、月額三万円を工賃目標にしたとしても、さらに目標を上方シフトし続けなければならないのです。このことを少しは心にとどめて、新規事業を見つける努力が大切です。

経営資源の投入配分のコツ

工賃アップの前提として、強い商品力と強い営業力が必要である、という考え方があります。どちらも「強い」という形容詞がついていますが、中小企業にとっては、この強さの具体的な「重み」

を理解する必要があります。つまり自施設の人・物・金などの経営資源をどのように投入すればよいのか、といえば、正しくは「営業力」に五割、「商品力」に三割、その他（資金計画など管理部門）に二割という配分です。この配分を理解しないで、やみくもに「強い商品力」を求めても結果が出にくくなります。

人・物・金といった経営資源の約半分を投入すべきは「営業」である、という意識を経営者・施設長がもつならば、スタッフ配置などにも自然と傾斜配分が行われることになります。

「営業力」についても、その中身を十分に検討する必要があります。つまり、具体的に自施設において、何がどのように達成できることが、高い営業力をもっていることと評価できるか、という検討がなされないままでは、そのような人材確保もままならなくなります。

そのための教育訓練は重要ですが、スタッフが自分から学ぼうとする自発性を引き出す教育訓練を、自施設で自力開発することは難しいことです。だからここにこそ外部の力を活用すべきなのですが、その際にも、外部の力を活用して、何をどのように達成できるようにするかという目標を明確にしないまま、魔法の力を期待して資金投入すると、費用対効果の測定ができなくなります。

家族に求めるのは意識改革でなく役割分担

工賃アップに向けて、利用者の家族の役割に着眼することは大切です。ただし、安易に家族の意識改革を求めるべきではないのです。もう少し正確に言えば、家族の意識改革によって家族にどのような行動の変化を要求したいのかを明確にしていく必要があります。

「意識改革」という言葉は、いろいろなところで使われます。現状を改善していくためのスローガンとしては秀逸です。それまでの考え方を改めて、別の見方を身につけることで現状打破の道筋を見つけるというわけですから。

少々気をつけなければならないことは、家族の意識改革の中身を施設長やスタッフの思いに一致させることと、無自覚的に考えてしまうことです。

施設スタッフは、施設長と同じ意識をもつ必要があります。これは一つの組織として、最低限必要なことだからです。ところが、利用者の家族はスタッフではないので、施設サービスの方針に同意し協力しなければならないわけではありません。施設スタッフと家族の役割は異なります。つまり同じ役割を求めて、それがかなわないからといって、家族の意識改革が必要である、という結論を導き出すべきではない、ということです。

役割が異なるので、必要なことは「役割分担」です。利用者の家族とどのような役割分担をするか話し合うことが、家族の意識を変革することの中身です。役割分担ですから、そのときの家族の担う力や担い方によって、施設側の分担が変わってくるのです。家族のもつ力とどのように協力して分担していくか、という問いの主体性は施設側にあります。施設長にあります。家族の力に応じて、施設サービスの力の入れどころを変えるのです。

施設長や施設スタッフにこのような考えがないと、一方的に「家族の意識が低い」という結論にたどり着いてしまいます。だから、施設長の意識が変わることで「自動的」に家族の意識は変わるのです。

工賃水準は施設サービスの重要な評価指標となる

「工賃水準」は、利用者が施設・事業所を選択するうえでの重要な指標の一つです。サービス利用者は、支払工賃額を比較検討して施設を選択してもよいはずです。実際に、高校生や大学生が企業に就職するときは「初任給」を重要な待遇の指標としています。また高校生や大学生に限らず、パートの職探しのときでも時給額を一つの判断材料としています。雇用契約のときには金額を明確にする義務もあります。

福祉サービスの利用は雇用契約ではありませんから（就労継続支援事業A型は例外ですが）工賃の額は明確にする義務はありません。しかし、あえて高工賃の支払いを利用者に約束することは、施設にとって、サービスの大きな特長になります。そして、この情報の公開に行政機関が表彰するなどして「権威付け」をするとすれば、効果は大きいものとなるでしょう。利用者が施設サービスを選択するうえでの大切な情報となるのです。

工賃アップに取り組むスタッフへの動機付け

事業収益が給料に直結しない施設スタッフに対して、直結しないのだからモチベーションが上がらず、高い意識を抱き続けることが困難であり、その結果、業績が上がらない（例えば、高い工賃が支払えていない）という厳しい見方があります。

では、事業収益が給料に直結している人は誰でしょうか？　言うまでもなく利用者です。工賃を受け取る人です。施設スタッフは、自分の働きが自分には跳ね返らず、利用者に跳ね返っていることに気づく必要があります。もちろん施設長もそのことに気づく必要があります。

だから、頑張りましょう、という簡単なことではなく、ここでは、次のように考えてみませんか。

つまり、スタッフの給料が事業収益に直結していなくて本当によかった、という点はどこにあるか？　ということです。例えば、授産事業で製造した商品が売れても売れなくても自分の給料に反映されない施設スタッフが、「本当によかった」と安心できる場面を思い浮かべてください。最高の感動のシーンは、想定以上に高い工賃を支払うことができたときかもしれませんし、困難な納期を利用者とともに完遂したときかもしれません。しかし現実的には、商品が売れなかったことについて責任をとらなくていいことです。商品は、売れればお金に姿を変えますが、売れ残るとゴミになってしまいます。在庫は損失の山に変化するのです。それでもその損失を自分でかぶる必要はありません。

だからこそ取り組まなければならないのは「改善」と「新規事業の開発」なのです。今よりよくするには、「動く」必要があります。動いた結果失敗しても、怖くはないはずです。事業収益が給料に直結している人は、おいそれとは動けません。人は、現在の収入が減る危険性のあることにはトライできないものです。転職にしてもそうです。事業収益が給料に直結しない施設スタッフとは、

「チャレンジによるリスクを最高に保証されたスタッフ」と読み替えるべきです。

そこで、このようなスタッフに対して「自分の働きの結果が利用者に跳ね返るのだから頑張りましょう」ではなく、「リスクは保証するから失敗をおそれることなくチャレンジをしよう」と励ますべきです。

「昨日までとは異なることをしよう。このことに安心してチャレンジできるように、給料を保証している。たとえ今より工賃が下がることがあってもいいから、昨日までとは違う何か『新しい』ことを今日もしよう。そのチャレンジを利用者とその保護者に伝えていくしくみを、我が施設では確実につくり上げていこう」。施設長であるならば、このような問いかけをスタッフにしていくべきなのです。

2 オプションサービス開発の提案［高齢者福祉の領域　障害者福祉の領域］

わがままと感じる気持ちから離れるしくみ

高齢者や障害者に限らず、人は誰でも、自分自身が家族や友人、地域から愛されていることを実感するには、一人ぼっちではなく、他人とかかわりながら一緒に過ごす時間が必要です。利用者が自ら幸せな時間をたくさんつくるために、身体面・精神面・生活面の介護や支援の他に、充実した余暇を過ごすためのサービス提供がとても重要なのです。

この余暇サービスを「オプションサービス」として提供し、福祉サービスの幅を広げ、利用者のＱＯＬの幅の拡大を図ることを、ぜひ検討してください。オプションサービスは、福祉の基本サービスの枠外の有料サービスであり、「追加料金を支払っても受けたい」というサービスの提供です。サービスの企画開発においては、焦点をどれだけ利用者の幸福追求に合わせられるかがポイントとなります。

介護保険給付であっても自立支援給付であっても、施設サービスには一定の自己負担金がありますが、一定量の（一定枠内の）サービスはこの「基本料金」内で提供をしなければなりません。しかし、利用者ニーズは常に変化するものですから、サービス提供側が常に新しいサービスをつくり出して提供し続ける姿勢をもたない限り、次から次へと新しい要求を受けることになります。施設・事業者に求められる姿勢は、いつでも自主的・能動的（active）です。何かが起こる前に自ら行動を起こす姿勢です。しかし多くの場合、受動的（passive）な対応に終始してしまうものです。何かが起こってから、その対応に追われるのです。そして、この受動的な姿勢につきまとう悪しき思考が、「利用者はわがまま」という見方なのです。利用者ニーズの変化に「対応」（これも受動的です）するのに精一杯だと、このニーズを「わがまま」と切って捨てる思考が頭をもたげるのです。このわがままと感じる気持ちから離れるには、ニーズを先取りする姿勢をもつことが一番です。「供給が需要を引き出す」という経済学の販路法則がありますが、小売業の業績アップにも品揃えの充実が大切です。この品揃え（サービスメニュー）の充実は、待ちの姿勢だけではつくれないのです。そこで新しく、「基本料金」内のサービスの他に「オプションサービス（追加料金サービス）」の提供をし、このオプションサービスを提供したスタッフに「サービス提供手当」を支給するビジネスモデルをつくることを提案します。

追加サービスを提供すればするほど、スタッフの手当額が増えるというシステムです。ここで追求するビジネスモデルの主眼は、利用者のサービスニーズを積極的に受け入れることは当然のこと、むしろ積極的に引き出す仕組みをつくり上げようということです。ただしこの場合、サービス提供手当を「給与規程」のなかにどのように位置づけるかが重要になります。一案として、オプションサービスの提供を「スタッフのサービス資質向上のための研修時間」と位置づけて、「研修手当」として支給することが考えられます。

なお、オプションサービスを社会福祉法人が提供する場合には、一定の制限があります。これは社会福祉法人の存在そのものが、そもそもセーフティネットとして位置づけられていることに由来します。利用者個人が個別に望むサービスは、当該個人の負担であるのは当然ですが、施設利用者全員が受けるサービスは、社会福祉法人においては利用料収入（基本料金）内で提供されるべきなのです。

この施設利用者が公平に受けられるサービスを超えて、個人の生活を豊かにするサービスを積極的に追求しようとすることが、ここでのオプションサービスの目的ではありますが、社会福祉法人の場合は本来の役割を逸脱する危険性があります。したがってオプションサービスを展開するならば、社会福祉事業とは別に一般事業（収益事業）として提供する枠組みを検討することも必要でしょう（例えば、株式会社やＮＰＯ法人を設立するなどです）。

高付加価値の追求・損をさせない工夫

私が勤務する施設のスタッフの多くが、オプションサービスの企画開発中に感じた疑問は、「価格設定が高すぎるのではないか」というものでした。どうすればよいのでしょうか。施設・事業所が損をしてまでも価格を引き下げればよいのでしょうか。

そうではありません。「価格が高い」というのは、言い換えれば「価格に見合うだけの価値がない」ということなのです。だから、価格が高く感じるのであれば、少なくとも感じなくなるまで価値を高める努力（新規サービスに付加価値をつけるための商品開発）をするべきなのです。この努力をしないでただ単に価格を下げるのは、サービス消費者である利用者を尊重していることにはなりません。また、すべてビジネスにおいては、粗利益が確保できるサービス価格設定がされていないと、事業が継続できなくなるのです。打ち上げ花火のような一過性の無料サービスよりも、利用者にとって必要と感じるサービスが適正価格でいつでも提供されているほうが好ましいのです。

そこで、付加価値をつけるための着眼のポイントは、オプションサービスを利用（購入）しているご本人のご家族が安心できる仕組みをいかに取り入れるかということです。

オプションサービスに限らず、すべてのサービス（商品も含めて）は「受けた直後」が一番満足します。しかし、数時間すればその満足感は忘れてしまいます。人間は、さまざまな欲望を満足したままにしておくことができないからです。例えば、おいしいものを食べた経験は時間の経過とともに薄れていき、お金を支払った記憶と領収書だけが鮮明に残ります。特に、食べていないご家族は「高すぎるサービス」「お金の無駄遣い」としか感じません。

どうすればよいのでしょう。食べてしまった料理は、もうそこにはありません。

では、いつまでも残るものは何でしょうか。いつまでも残せるものとして何をつくり出せるでしょうか。ここもまた、開発の着眼ポイントなのです。このようにして、損と感じさせないオプションサービスを考えるのです。この項の初めに書いたように「家族や友人、地域から愛されていることを実感するには、一緒に過ごす時間をつくること（サービス共有という視点）」を考えるのもまた、一つのヒントとなります。

リピートを引き出す工夫

オプションサービス開発の着眼ポイントのもう一点は、「マンツーマン」にあります。利用者が安心を感じる一番の要素が「自分だけへのサービス・一〇〇パーセント個別対応のサービス」にあるからなのです。それでも、どのようなサービスでも繰り返し利用すれば、その効用は下がります（これを「限界効用逓減の法則」といいます）。同じサービスを続けることは、それだけで満足感は下がるものです。したがって、サービスのリピート使用（継続購入）はそのための努力をしなければ引き出せないことを念頭におき、リピートする仕組みを商品に組み込む工夫をしなければならないのです。

フロンティアスピリットで将来の幸せをつくる

オプションサービスは個別有料サービスですから、経済的理由で、利用したくても利用できない人がいます。この人を放っておくわけにはいかないという気持ちになります。目の前にいる人を見捨てておけないのは、人間として当然です。

それでも商品・サービスの「導入期」（四五ページ図1参照）には利用できない方がいるのは仕方がないことではないでしょうか。お金がない人、ある人、さまざまです。お金がない人であっても十分満足できる生活を保証するのが施設サービスであることは確実です。しかし一方で、お金があるにもかかわらず、それを使って生活を豊かにするサービス提供を受けられない状態を放置していてよいのでしょうか。

携帯電話（当初は移動自動車電話）サービスが一九七九年に開始されたとき、月額基本料金は三万円、設備料が八万円、一九八二年には保証金制度が開始され、その保証金預託額は二〇万円でした。その後二〇〇三年に保証金制度が廃止されましたが、加入料が四万五八〇〇円、加入料が廃止されたのは一九九六年でした。現在は、電話機の代金を除けば月額四五〇〇円（上記いずれも通話料は別）程度です。高い料金を支払い続けた人々がいたからこそ、今では小学生までもが携帯電話を利用できる世の中になったのです。お金がある人に対するサービスを「オプションサービス」として提供し続けることにより、そのサービスをもっと多くの人が利用できる時代が必ず来るのです。

つまり「今までにないサービスを提供する」、そのサービスが利用者に歓迎され受け入れられて「利益が上がる」、「追従企業が生まれる」、「価格競争が生まれる」。その結果、オプションサービスを基本サービスに含める事業者が生まれてくる（実質無料で提供するようになる）。その結果、「消費者利益が高まる」ということです。サービスがない状態の公平ではなく、サービスを享受できる状態の公平を目指すべきなのです。

目の前にいる人を見捨てておけないから、数年後には確実にサービスを受け入れられるようにするためにも、オプションサービスの研究開発を今続ける必要があるのです。フロンティアスピリット（開拓者魂）とは、そういうものです。今は、利用者にとって選択の時代であると同時に、施設・事業者にとっては競争の時代です。サービスの「価値」の部分で勝負をする側面はとても大切です。あなたもフロンティアスピリットで挑戦してください。

3 障害者雇用に必要な発想の転換

［障害者福祉の領域］

求人票の中身を鵜呑みにしないこと

障害者の就労とは、企業が障害者を労働者として雇用することですから、企業の人事担当者（求人票を作成する人）の実像に迫る必要があります。

もしもあなた自身が、現在施設・作業所で行われている作業に関して障害者労働者を募集（求人）するとしたら、どのように職務内容を求人票に記入するかを考えてみてください。求人票に書かれている内容と実際の作業内容の乖離《かいり》に気づくことができます。日頃障害者支援の現場にいても、障害者を労働者として募集する表現には苦慮するものです。

ましてや障害者採用の実績が少ない、あるいは全く経験のない企業の人事担当者であったとしたらどうでしょうか。求人票に記載されている内容を「神の言葉」のように信じて、その内容に見合った障害者を探そうとすること、また見合うように育てようとすることが、そもそも障害者の就労を阻害する要因になりうることに気づく必要があります。

障害者の働く能力は千差万別であり（労働者の働く能力は千差万別であり）、そもそも求人票を作成した担当者が、「必要な労働力」を的確に表現できるとは限らないのです。そこで求人票の記載内容を鵜呑みにしないことです。

そして企業に対して、障害者労働者に関するできるだけ多くの情報を提供することに専念するのです。すると企業の求人内容が変化してきます。障害者の実像を多く知ることで、人事担当者の意識が変化してくるからです。だから、求職障害者の情報提供をたくさんしようと意識することが大切です。求人に対してできるだけ多くの求職者を紹介し、企業の人事権、選択権を尊重するとともに保証するのです。このようなことをせずに、単に求人票の内容に見合った最適なジョブマッチング（人材探し）をしようとすること自体が、障害者にとっての就職の「ハードル」「障害」になっているという危険性を常に意識しなければならないのです。

障害者とのワークシェアがこれからの時流

今ではとても信じられないことですが、一九世紀初頭にイギリスで成立した工場法では、九歳以下の少年労働を禁止、一三歳未満の労働時間を週四八時間、一八歳未満の労働時間は週六九時間としました。これは、長い運動の末に勝ち取られたものです。このような制限が法律で決まったということは、さらに劣悪な状況が存在したということです。

あなたもご存じのとおり、二〇〇〇年を経て、現在の労働時間の制限は週四〇時間です。ちなみに二〇年ぐらい前までは四八時間でした。今後どのようになるのでしょうか。常識をくつがえす発想が大切です。この四〇時間は増えていくことはないでしょう。もっと少なくしていかなければならないのです。なんのためでしょうか。

労働者の健康と安全のために？　いいえ、違うのです。障害者と労働をシェアするためにです。

障害者が雇用されにくいということは、言い換えれば障害者が受け取るべき労働の権利（働いて収入を得て経済的に豊かな生活、人生を送る権利）を「誰かが独占しているのではないか」と考えてみる感性が大切なのです。現在四〇時間働いている労働者の皆さんは、「現在自分が手にしている労働権を障害者に分配する要請を受けているのではないか」と、このように考えてみる必要があるのです。これがこれからの時流です。残業ゼロは、このためにも必要なのです。

ジョブコーチが支援するのは企業

ジョブコーチは障害者が職場に適応するのを援助するのが職務、と考えていませんか。本当は誰を支援するべきでしょうか。障害者本人？　家族？　就職先の企業現場のスタッフ？

ジョブコーチが一番力を注ぐべき相手は、間違いなく「就職先の企業現場のスタッフ」です。現場のスタッフが障害者を労働者仲間として迎え、障害者自身の力を引き出し、現場全体の戦力向上を図る力を獲得するために、ジョブコーチはそのもてる力を最大限発揮するのです。ジョブコーチは制度上「障害者職場適応援助者」と呼ばれますが、こういう表現で理解するのは本来誤りです。障害者ではなく「現場スタッフに対する、障害者との関係づくり援助者」「障害者にとって力を出しやすい職場環境づくり援助者」というのが、メインとなる役割です（障害者本人に対する支援が全く不要というわけではありません。念のため）。だから障害者にとってというよりも、むしろ企業の現場スタッフにとって必要不可欠な人材なのです。

そして、ジョブコーチ職務のポイントの一つは、ジョブマッチングの手法は入社前には行わず、入社をしてから実施すべきということです。障害者を労働者として求人する企業に対して「今、企業が必要としている仕事」をこなせる人材を提供するのではないのです。ジョブマッチとは「適材適所」のことを表していますが、「職場に現在いるスタッフをどのように配置すれば最適の効果が得られるかを、各現場で検討していく」ことをジョブマッチといい、このことは障害者がいてもいなくても、どの企業でもどの職場でも、さらにいうならば家族やサークルのような私的な集団においても、適材適所を求めての役割分担をしているのです。

誰かが欠けたとき、その穴を埋めるための求人というのは、特定の場合を除き、新たに加わったメンバーを加えてから役割分担をやり直したり、定期的に見直しをしたりするものです。だからジョブコーチは、特定のスキルを発揮できる人材を見つけようとするべきではないのです。

また、求人情報で障害者を「一本釣り」しないことも大切なポイントです。企業の求人に対する実習・見学の応募希望者は広く募り、その応募者には公平にすべての実習・見学の機会を提供します。働く能力とは働く意欲のことですから、その意欲を尊重することは当然のことです。したがって「ジョブコーチ・就労支援者の目に留まり、気に入られることが就職するための最初の関門」とはならないしくみとしなければならないのです。施設スタッフも、働きたいと希望する障害者に対して、「ジョブコーチ・就労支援者に頼みなさい」は禁句として対応をしなければなりません。就職を決めるのは本人と企業であることを常に意識しましょう。

マナーの悪さは障害者差別につながる

ジョブコーチに求められる大切な資質は「良質なマナー」です。

民間企業の方との応対、特別支援学校や就労支援機関の方との応対や就職を希望する障害者本人・ご家族との応対には、礼儀正しいビジネスマナーが求められます。企業担当者とのアポイントメントの時間を守ること（それ以前に訪問前にアポイントを取ること）、作業環境等に関して提案する礼儀正しい態度、正しい言葉遣いやその場にふさわしい服装です。礼儀正しいビジネスマナーは最低限のルールなので、これを下回ると企業からの信頼を失い、その結果は障害者に跳ね返ることになるのです。

もしも支援対象の障害者が「我が子」「愛する家族」ならばおそらく絶対しないマナー違反を知らず知らずのうちにしてしまうならば、それこそが「障害者差別」と気づかなければならないのです。障害者を支援する最前線にいるからこそ、実は障害者差別を一番してしまう可能性があります。就労支援の最前線にいる人が最大の「障害」になってしまうことがあります。

自分の愛する家族の就職が長いこと決まらないとき、ようやく企業から面接の案内が届きました。本人に同行して企業の人事担当者によろしくお願いします、と頭を下げるとします。あなたならどのような服装で行きますか。

ジャージ姿とか、ラフなポロシャツ姿とか……想像してみてください。このような格好で同行したら、どんなに丁寧に頭を下げても、いい印象（つまり真剣であるという気持ち）が相手に伝わりません。あなたが心のなかでどれほど強く願っているかが問題ではないのです。心のなかの気持ちを相手に伝える「伝え方」がポイントなのです。「外見じゃないよ、心だよ」というわけにはいきません。ビジネスマナーはその大半が外見重視なので、特に笑顔と明るく元気できびきびとした行動が重要になります。

障害者の就職の場面で、このような外見に無頓着なことが起こると、それは大変なことです。当然あなた自身が面接を受けるときは、変な格好はしないでしょう。場合によっては、直前に美容室や理容店で髪を整えたりするでしょう。でも障害者の引率のときはしない人が多いのです。そのような人に限って、障害者の就職が決まらないと、障害者の能力のせいにしたり、障害者に理解を示さない企業を批判したりします。自分が最大の障害になっているとは夢にも思っていません。ジョブコーチには、障害者に関する知識や雇用に関する情報以外のところにも、重要な職務遂行のポイントがあるのです。

金で脅迫しない

「成果主義の賃金制度」で、人の勤労意欲を十分に引き出すことは不可能です。賃金にはもともと生活保証の意味合いがあります。勤労意欲を引き出すには、賃金とは連動しない別の方法を工夫しなければなりません。実はこのことは「新発見」でもなんでもありません。すでに何十年も前から「お金で人の気持ちをつなぎ止めることはできない」ことはわかっていました。

だから勉強不足な管理者ほど、経費節減のため「成果主義と賃金を連動させようとして」組織を壊します。そのことを後押しする悪質なコンサルタントもいます。成果を評価する人事考課には一定の効果があります。しかし、賃金と連動させてはならないのです。人事考課と連動させてよいのは仕事の誇りにつながる「権限」です。賃金は、生活上の必要度と連動すると、スタッフに一定の安心をもたらします。つまり仕事のやる気をあくまで間接的に引き出す効果にとどまるのです。

さて、あなたの施設・事業所では、障害者の方に仕事のトレーニングをする際に「働く意欲を引き出すこと」と「賃金」とを連動させてはいないでしょうか。おそらくあなた自身は、職場でそれほど細かく、成果主義賃金という時代遅れの制度にほんろうされてはいないでしょう。繰り返しますが、この時代遅れの制度（成果主義賃金制度のことです）に対して、時代を先取りしていると感じているとすれば「はずし」てますよ。歴史の勉強をしてください。

ところが十分に注意をしないと、障害者に対して「仕事ができるようになれば給料が上がる」と言い渡して、金で釣るようなことをしてしまいます。自分たちがされたくないことを他人に対してすることを、通常「差別」と言います。本当に注意が必要なところです。

勤労意欲、働く気持ちを引き出すことは、口で言うほどたやすいことではありません。それだからこそ「金」で引き出そうとすることはやめなければなりません。それは効果がないからです。それゆえ日本の社会において、一般化していないのです。あわせて十分に注意していただきたいことは、施設・事業所内で、仕事のトレーニングへの参加を就労支援の前提条件としてはいないかということです。施設・事業所には雇用を決定する権限はないので、仕事のトレーニングプログラムそのものが無意味な場合があります。

本当に心からの信頼をつくれる人に

最近、ある施設の施設長さんに話を伺ったのですが、障害者の雇用に興味を抱いている会社の人事担当者であっても、自分がその方と一緒に働きたいと思えるような方にしか障害者を紹介しないというのです。つまり、企業担当者や就業を希望する障害者と心の結びつき（＝信頼感）ができていて、初めて就業という実績に結びつくという視点を話されました。

障害者が就職できない理由を、障害者のせいにしたり、企業の人事担当者のせいにしたりするスタッフは、就職支援には向いていません。なぜなら、本来最初に信頼関係をつくらなければならないパートナーに対して、批判のほこ先を向けてしまっているからです。そして一番困ることは、自分が障害者の就職の最大の「障害」になっていることに気づかないまま就職支援現場の第一線に居座わることです。障害者雇用に理解を示さない社会から障害者を守る砦としての自負をもって……。就職支援を成功させるコツは、働くことを通じて自立したいと考えている障害者と企業の担当者との心の交流をつくり上げる意欲のあるスタッフを、適材として配置することです。

4 利用日数を増やすための視点

［障害者福祉の領域　高齢者福祉の領域］

ポイントカードで欠席を減らす

デイサービスや通所事業所の利用日数を増やす工夫、つまり欠席を減らす工夫の一つが「ポイントカード」です。

出席したらポイントが一個つきます。毎日毎日ポイントカードにスタンプが一つずつ増えていきます。ポイントが一〇個たまると……、五〇個たまると……いろいろなプレゼントや特典がありま す……という、あの「ポイントカード」です。このしくみを福祉の業界に導入してはいかがでしょうか。

ポイントカードは、「カード」がよいのか「手帳」がよいのか、スタンプは「判子」がよいのか「シール」がよいのか。プレゼントは何かよいのか、特典はどのようなものがよいのか。この特典のなかで利用料の減免をしてもよいのかどうか等、いろいろ考えるとわくわくしてきませんか。

利用者が心から「毎日通いたい」と思うサービスを展開するのが、もちろん本筋です。ですが、質のよいサービスを提供さえすれば自然に利用者が増えてくると考えるのは「間違い」です。サービスの質をよくする営みと、利用者を増やす営みは別ものなので、その両方への取り組みが必要です。利用者がわくわくして、心から毎日通いたくなるしくみを考えましょう。

さて、あなたは「ザイアンスの法則」という言葉を聞いたことがありますか。この法則は、

①人は知らない人には、攻撃的、批判的、冷淡に対応する。
②人は会えば会うほど好意をもつ。
③人は相手の人間的側面を知ったときに好意をもつ。

というものです。「人は、会えば会うほどその人に好意をもつ、知らない人には批判的、攻撃的になる」ということです。福祉施設では、利用料の日割り制導入により、利用率のアップのための取り組みが欠かせません。このとき、このザイアンスの法則が役立ちそうです。つまり、日中事業の利用契約者にはできるだけ多く施設サービスを利用していただきたいし、同時に多くの新規利用者を集めたいところです。利用者とそのご家族は、知らない施設に対しては批判的になり、何度も接触があってよく知っている施設に対しては比較的好意をもちやすいということです。

だとすれば、施設長を初めとする施設スタッフができるだけ多く、接触の機会をもつことが大切であることがわかります。ポイントは、この機会を多くすることは、単に掛け声だけでは達成でき

ないということです。つまり何かのツール（会うための口実をつくり出せるツール）が必要なのです。さて、あなたはどういうツールがあれば、接触の機会を増やすことができるでしょうか。工夫のしどころです。

第6章

自分の夢をかなえるために

1 施設長が主体性を発揮する

主体性を発揮するにはコミュニケーションが不可欠

「施設が主体性を発揮することが大切である」とよく言われますが、あなたは「何がどういう状態になったとき」に「ああ、今自分の勤務している施設は主体性を発揮しているぞ！」と感じるでしょうか。実は「施設が主体性を発揮する」などという状態に対する「イメージ」は、簡単にコンセンサスがとれるものではありません。人それぞれ人間観や障害観も異なれば支援理念もまた異なるからです。では、何がどうなったときに「施設は主体性を発揮している」と判断できるのでしょうか。

答えは、実は簡単です。「施設」を「施設長」に置き換えればいいのです。多くの人は「施設は」というところで、施設スタッフをイメージします。それは施設で提供されるサービスを直接生み出すのがスタッフだからです。あえてここでは、施設が主体性を発揮するとは「スタッフがのびのびと働いている」イメージではなく「施設長が自分の思いどおりに施設を経営している」イメージをするのです。

次に、「主体性」の意味を検討しておきます。主体性とは「やりたいこと」を意味します。ではその反対はどういうことかといえば「やらなければならないこと」「他から頼まれてやらざるを得ないこと」です。「自分から進んでやりたいことをやること」。これが主体性です。だから施設長が自ら進んでやりたいことをやること、これが施設の主体性の本当の意味です。主体性はリーダーシップとも置き換えられます。「リーダーシップ」とは、自ら進んでやりたいことをする資質なのです。

となれば、その施設長自身が、自分のやりたいことが将来達成できている姿をイメージできないはずがありません。つまりゴール（目標）を設定できないはずがありません。施設長自身がやりたいことは必ず見つけられるはずですが、もしも自分がやりたいことが見つけられないなら、そのときはどうしたらよいのでしょうか。

そのときも、方法は簡単です。自分の施設のスタッフをよく見つめることです。自分の施設のスタッフがもてる力を一番発揮している瞬間に立ち会うこと。このことほど、施設のリーダーとして幸せなことはないのです。スタッフのもてる力を見つけるには、何が必要でしょうか。それはスタッフとのコミュニケーション力です。リーダーシップとは、コミュニケーションによって発揮されるものなのです。

施設長が自ら進んでやりたいことを見つける、という行動の具体的な中身は、スタッフとのコミュニケーションを通じてしか果たせません。もしもスタッフとのコミュニケーションなしでやりたいことを見つけると、どうなるでしょうか。あなたももうお気づきでしょう。施設長とスタッフとのコミュニケーションの有無が「施設長の主体性」と「施設長の独断」との分岐点になるのです。コミュニケーションのないリーダーシップはあり得ません。

2 ポジティブ思考の本当の意味

あなたの脳は常に素直に働いている

ポジティブ思考（プラス発想）が大切なことは、あなたも十分承知しているはずです。でなければ、仕事に関して何らかの改善のヒントを得るために本を読んだり勉強したり、という発想が出るはずありません。この本を手にしていないはずです！

販売促進の場面でも「なぜ売れないのだろう」「なぜ利用率が高まらないのだろう」というネガティブ（マイナス発想）な質問を想定すると、あなたの脳は、その質問に対する回答を探し始めます。したがって「価格が高いからだろう」「顧客ニーズとマッチしないからだろう」「利用者が少ないからだろう」などと、うまくいかない理由がすぐに思いつくようになるのです。

うまくいかない理由を思いつくのは、難しいことではありません。例えばあなたの住まいや職場の近くに廃業した大型店や小売店があったとして、廃業した理由を考えてみてください。（無責任にも！）さまざまな理由を見つけることができるはずです。また、例えばあなたの友人で（あなた自身でもよいのですが）失恋した人がいれば、恋愛が成就しなかった理由を考えてみてください。（これまた無責任にも！　絶対に本人には直接言えませんが）さまざまな失恋の理由を思いつくはずです。

仕事や人間関係がうまくいかない理由を考えるべきではありません。考えれば考えるほど、「うまくいかないことを納得すること」の役に立つ理由が見つかるだけです。ニュースや新聞、雑誌、書店や図書館を歩き回って目にする本、インターネットブラウジングをして目にする情報から「売れない理由、不況や倒産の情報」「利用者の利用を抑制する介護保険や障害者自立支援法の不十分な側面に関する情報」が目につくようになります。人の目には、探しているものしか見えないからです。

だから、どうしたらうまくいくかという質問を自分に向けて発しなければなりません。先ほどの例でいえば「どうすればお客様は買うのだろう」「どうすれば利用者は今よりももっと利用したくなるだろう」というポジティブな質問をするのです。そうすれば、あなたの脳は、その質問に対する回答を探し始めるのです。ニュースや新聞、雑誌、書店や図書館を歩き回って目にする本、インターネットブラウジングをして目にする情報から「お客様が買うためのネタや情報」「利用者の利用率アップを引き出すための工夫につながるネタや情報」が自然に目につくようになります。

ポジティブに思考するには、自分の脳に対して正しく質問する必要があります。自分の脳（潜在意識ととらえることもできます）は、質問に対して全力で働き、その答えを導き出します。質問に対する答えを出そうとするこの脳の機能は、意識をしていなくても無意識下で働いているようです。ど忘れしたことをあるとき急に思い出す、という経験をしたことはありませんか。これは、意識の上では思い出そうとして思い出せないことが、無意識下で探し続けていたということの証明になるようです。自分の脳に対して質問をすれば、脳が必ず答えを出すということがポイントです。

したがって「どうしたらうまくいくか」「自分にできることは何か」を常に考えましょう。そうすれば、次第に「今の仕事や人間関係の問題点から何を学ぶことができるか」、同じ仕事でもいやいややるのではなく「楽しくやるにはどうしたらよいか」という発想が生まれてきます。このような発想がモチベーションを高めることにつながるのです。いつでも「自分の人生で一番幸せなことは何か」「自分の人生で一番感謝していることは何か」「利用者（お客様）に感動と喜びをお届けするには何ができるか」「仕事を通じて世の中に貢献していることは何か」を、自分に対して質問しましょう。

もちろん質問をしているだけではだめで、行動をすることが大切です。しかし、正しく質問をすれば、自然に行動が生まれます。単に「ポジティブ思考をしよう」「プラス発想をしよう」というのはまだ半分です。正しくは「ポジティブ思考で行動しよう」「プラス発想で行動しよう」です。「行動」が伴わなければなりません。正しい思考と発想ができていれば、必ず行動は生まれます。そして行動が生まれるから、結果・成果がついてくるのです。

今日やるべきことを今日やるために

現場のスタッフは、さまざまな悩みを抱え、それぞれに深刻です。しかしその悩みは、そのままでは「解決不可能」な悩みです。なぜでしょうか。

「現場での悩み」は、多くの場合、現在の姿と求める姿の差のことです。つまりああなりたい、こうなりたいという姿と、現状のやるせなさ、ふがいなさとの差に解決しがたい悩みを感じるのです。いったいどのように埋め合わせをしたらよいのか。または、今後どのように成長していったらよいのか。このようなことが現場での悩みです。

ちょうど目の前にそびえる高い山の頂上を目指しているのに、いつまでも自分はふもとから一歩も踏み出せないでいる……というような悩みです。あなたは、当然その解決の必要性を強く感じています。一刻も早く山の頂上にたどり着きたいと望んでいるのです。頂上に到着した自分の姿を思い描けば思い描くほど、現状との差に押しつぶされそうな気持ちになるのです。この気持ちが悩みの正体です。

そこで次のように考えてみてください。

ここに一〇〇段の階段があったとして、一番上の一〇〇段目に一番容易にたどり着くにはどのようにしたらよいか、と。

答えは、本当に簡単です。

九九段目に立つことなのです。そうすればあと一段を上るだけで一〇〇段目に上れます。一番下から一番上の一〇〇段目を眺めると、はるか上のほうにかすんで見えた一〇〇段目でも、九九段目に立つ人にとっては簡単にたどり着くことができます。ではその九九段目に立つには……九八段目に立つことです。

もうおわかりでしょう。一〇〇段目に上るためにまずするべきことは、一段目に上ることです。一段目に上った人しか二段目が見えないからです。二段目に上った人しか三段目が見えません。……そして九九段目に上った人しか実は一〇〇段目が見えないのです。だからふもとから見ている山の頂上は、九九段目から見える山の頂上の景色とは異なります。ほとんどの人は同じだと思っていますが。だからこのことに気づかない人は一段目に上れません。なぜかというと「自分が望んでいるのは山の頂上に立つことであって、そんな一段目に立つことではない……」という思い込みが第一歩を妨げるからです。頂上を極めるのが最終的な目標であったとしても、まず一段目に向けて第一歩を今踏み出すこと。これが「現場での悩み」を解決する方法です。ここに気づけば「解決可能」です。

3 施設長が手にする最高の権利：勉強する権利
——目指すべき仕事の最高の手本を見つけて真似よう

業績が施設長で九割決まるなら教育予算も施設長が九割使おう

施設長がもつさまざまな権限のうち「スタッフの誰よりも勉強できる権利」というものが、一番強大であると私は考えています。そもそも勉強を義務と考えるようでは、トップの経営者になる資格はありません。トップの立場で思う存分に勉強しながら、そのプロセスを通じて経営手腕を発揮する。これほどの強大な権利は、他にはありません。

私が勤務する施設はＩＳＯ九〇〇一の認証を受けているのですが、このＩＳＯの実質的な推進役になっているＣＯＯ（事業推進本部長）が、施設主催の研究研修会で「経営理念を実現するＩＳＯ九〇〇一：二〇〇〇導入ガイド」というテーマで研究発表をしました。そして、この研究発表の最後に、是正処置が適正に機能していない要因の検討結果を披露しました。四つ挙げられた要因のなかに「対策として、教育・訓練をするだけでは十分でないケースが多い」「対策に教育訓練を用いる場合の検証ポイント……これまでに教育訓練を行ってきたのか、これまでの教育訓練は適切だったか、教材・指導者（講師）・教育方法は適切だったか、教育訓練の成果（有効性）は評価できるか」があり、特に教育訓練に関するプロセスの責任者は施設長である私でしたので、反省することしきりでした。スタッフの教育訓練は間違いなく施設長の仕事です。

ただし、その前にもっと重要なことがあります。日本の社会福祉施設は、そのほとんどが中小零細企業です。となれば、トップでその業績の九割が決まるのです（九九パーセントというコンサルタントもいます）。施設の教育訓練の九割は「施設長」に向けられたものであるべきです。もっとはっきり言えば、施設の教育訓練の予算の九割は施設長が使うべきです。

自分一人で使ってしまってスタッフに申し訳ない、などと遠慮する必要はありません。組織の目標・ゴール・成功のイメージを獲得するためには、誰にも遠慮せずに予算を使って勉強してよいのです。それが施設長の役割なのです。もし、それでも教育・研修予算はスタッフと均分に使うべきだと思うなら、施設長のポストをスタッフと日割りで分担してください。あなたは月曜日だけの施設長で、ほかの曜日は別のスタッフが施設長です。このような組織に、しっかりとした目標設定ができるはずありません。組織に施設長は一人で十分です。そして、その施設長がリーダーシップをとらなければなりません。勉強するために教育予算を使うことは、明確な戦略立案をするための必要経費なのです。

そして、組織の教育・研修予算の九割を使って勉強した施設長だけが、自分の組織のスタッフ教育には何が必要なのかが初めてわかるようになるのです。このレベルまで勉強をしたことがない施設長が、スタッフ教育に費用をかけたところで効果があまり上がりません。なぜなら、教育訓練の成果・有効性の評価ができないからです。例えば施設長自身が研修に参加してこれはと思う講師に出会って、その講師を施設に招くということを繰り返すことで、スタッフ教育の効果が上がるのです。

施設長はテレビを見るのを止めて本を買おう

勉強する時間がないと心配される方がいますが、テレビを見るのを止めれば、勉強の時間は簡単につくり出せます。あとは飲酒を止めることも勉強の時間を簡単につくり出すのに効果があります。

読書は本当に勉強になります。一万円あれば五冊くらいは本が買えます。毎月三万円を書籍代に割けば、雑誌なども含めて、一年間に二〇〇冊は本が買えます。このくらい買うと、一年に数冊は目からウロコが落ちるような本に出会えます。そうすると、スタッフに「読んでごらんよ」と勧めることができるようになります。私の経験からすれば、人に本を薦められないのは、読んでいる本の絶対量が少ないからです。少なくとも施設長は自分の施設のなかのスタッフの誰よりも本を読まなければなりません。

ちなみにどうしても本を読むのが苦手な方は、本を買うことだけはしてください。そして自分のデスクに積み上げておきます。そうすればスタッフは自然と「貸してください」と言ってくるはずです。言ってこないとすれば、まだおもしろい本を買う力がついていないのです。中身を読まなくても役に立つ本を買える能力がつけば、スタッフの注目の的です。

「スタッフの意識改革」という言葉がありますが、施設スタッフには意識改革は必要ではありません。意識改革が必要なのは施設長だけです。スタッフに必要なのは、トップである施設長との意識統一です。そのために施設長に必要なのは、スタッフとのコミュニケーション能力（あるいは自身の思念のコミット能力）なのです。組織の力が一番発揮されるのは、施設長の思いをスタッフが共有して、全体の力が一つに向くときです。施設長が顔を向ける方向に、スタッフは顔を向けるのです。施設長がどちらに顔を向けるかは、自分で勉強するしかありません。

施設長は、自分の能力は情熱をかけられる分野だけに特化して、自分ができなければ外注（アウトソーシング）したほうがよいのです。外注とは、自分より能力のある人を使うことです。施設長の本来業務を自分以外の何者かに発注することです。施設長が、本来自分がやるべき業務のうち、どの仕事をアウトソーシングするかを判断することを通じて施設長の仕事の幅と高さをアップグレードさせることができるようになるのです。

自分より能力のある人を使うならば、アウトソーシングすれば何でもうまくいくようですが、アウトソーシングの目的と目標が明確になっていないとアウトソーシングの効果の測定ができませんから、費用対効果があいまいになってしまいます。ここでも、目標設定の力が施設長には求められるのです。

経営理念や運営方針の策定を外注するときには、特に注意が必要です。あくまで「戦略」は施設長が立案するものだからです。戦略は他人がつくることはできません。戦略は施設長の使命そのものであるし、施設長そのものだからです。この戦略立案を他人に任せることは、すなわち「辞表を提出すべきこと」に匹敵することなのです。もちろん戦略遂行のための「戦術」立案ならば、専門家であるコンサルタントの力を大いに借りることは有効です。例えるならおなかが空いたときに、中華料理を食べて空腹を満たす、という方針・戦略が明確になっていれば、おいしい中華料理店の情報や中華料理のおいしいつくり方の情報は、専門家などその道の権威に教えを請うのが有効です。しかし、おなかが空いたからなんとかしてくれ、とだだをこねるのは子どもがやることであり、大人ではないのです。このように戦略と戦術という概念をしっかりと理解したうえでコンサルタントの支援を求めないと、コンサルタントの餌食になります。

なぜなら、コンサルタントにとって、戦略をもたずに助けを求めているクライアント（ここでは施設長のことです）ほど、手玉にとるのが簡単な客はないからです。だから良心的なコンサルタントは、戦略をもたないクライアントを相手にしません。自分のコンサルティングがオールマイティ（一〇〇人が一〇〇人とも喜ぶ力をもっている）とは考えていないからです。「自分の限界を知る人が一番強い」と言いますが、このことはコンサルタントにとっても施設長にとっても当てはまるのです。

どんな仕事にも最高の効率をもつ手順がある。それを見つけよう

どのような仕事にも、最適な手順があります。「今自分の仕事がうまくいかない」「介護や支援の

現場でどうしようもない壁に直面している」と感じているならば、今自分がとっている仕事のやり方が間違っているのではないかと考えてみてください。

私は障害者支援施設の施設長ですから、障害者の就職支援のとるべき方法を検討するときに、次のように考えました。

「この日本では三〇年間も法定雇用率が達成されていない。それはなぜだろう。おそらく今までの障害者就労支援の手法が間違っているからだ（障害者雇用の現場で日夜奮闘している諸先輩方には大変失礼なことを申し上げています。ここでお詫び申し上げます。至らぬ私の考え方ですのでどうかご宥恕《ゆうじょ》ください）。だから、今までの手法はまず否定しよう。そして別の手法を採用してみよう」「例えば『ジョブマッチ』だ。企業から障害者向けの仕事を切り出してもらって、その仕事に能力を発揮できる障害者を見つければ、容易に仕事に定着する、という考え方だ。これをまず否定しよう」「次に『施設での就職前訓練』だ。これも否定しよう。否定するとすれば、どのような別の手法をとりうるだろうか。最高の手法はどこにあるだろうか」と、このように考えたのです。（詳細は第5章3「障害者雇用に必要な発想の転換」の項（一九五ページ）を参照ください）

この他にも、授産事業の改善を図るときには、自分の知りうる限りで最高の成果をあげている施設を調べて、そのマネをしました。どのような仕事にも、最適な手順で、最も少ない労力で最高の成果をあげている人がいるのです。その道のプロ中のプロです。その人、その施設はどうしてそのような成果をあげているのでしょうか。発想の違いはどこにあるのでしょうか。その違いがわかれば、自分にも同じような成果をあげることができるはずです。

「自分がやろうとしている仕事と同じ仕事で、日本一の成果をあげているのは誰だろう」「その人をどうやって見つけることができるだろう」「どうやってその人と親しく話をすることができるのだろう」。常にこのように考えましょう。施設長には、福祉業界の専門月刊誌などに紹介された施設だとか作業所を自分の目で見てみる、という努力をすぐにする行動力が問われているのです。身の回りだけでなく、日本全国に目を向けて（本当は世界に向けるとよいのですが）あなたが目指すサービスの最高レベルを実現しているところはどこでしょうか。

ホテルの接客サービスならば、大阪にあるリッツカールトンホテルのサービスが日本一のサービスとして有名ですが、福祉のサービスならば、そしてあなたが自らのミッションに従って提供している分野の福祉サービスならば、その最高レベルはどこに行けば見ることができますか？

スポーツ競技ならば、世界最高レベルをこの目で見ることは比較的容易です。テレビの映像を通じてでも見ることができます。また、実際に海外の競技場に足を運ぶことも、やろうと決心すればできるはずです。では福祉サービスの世界最高レベルは、どこに行けば見ることができるでしょうか。

最高レベルのサービスを手本として、そのレベルに一歩でも近づこうと努力することが最短の道です。ですから、まずは手本を見つけることです。目指すべき手本（目標・ゴール）を見つけないまま「習うより慣れよ」という格言にしがみつくべきではないのです。

4 向かい風を感じよう。今こそ離陸のとき

ステップアップに必要な向かい風を求めよう

法律や制度の変更に伴い誰もが不安や不満をもらすとき、今までの制度に不満を抱いていたにもかかわらず、知らず知らずのうちにそれにしがみつくとき、こういうときは、「追い風」が吹いていると感じるべきです。今の状態を維持するのに必要なのは追い風です。風を背に受けることです。追い風は、今の仕事を継続するには都合がよい風です。手助けしてくれるからです。しかし、追い風で満足してはいけないのです。風が手助けしてくれるのは、前に進むことではありません。風の吹く方向に進むことを手助けしてくれるだけです。追い風に満足をしていると、風の向きが変わり始めたときに、またもその風の向きに合わせなければならなくなります。

新しいこと、変化に対応するには、自分が変わらなければなりません。自分が変わるためのエネルギーは、追い風のなかからは得られないのです。むしろ追い風は、変化する気力を奪い、人を臆

病にします。変化とは、周囲の風に逆らって自ら向きを変えることです。だから「向かい風」を感じるようになれるのです。昨日までとは異なる今日にしなければ、今日よりステップアップした明日は来ないのです。今までと異なることとは、今までとは異なる方向に顔を向けることです。頬に当たる風が変わることです。周囲からの批判を感じることです。

今までとは異なるやりにくさを感じる風、つまり向かい風を感じるならば、あなたは変化し始めています。変化に向けて一歩を進めています。現状維持とは退行なのです。もしも向かい風を感じられないならば、自分が行動していないのではないかと、点検・自戒しましょう。向かい風を感じ続けることが、あなたの行動を唯一証明することなのです。向かい風こそが離陸・ステップアップに不可欠な要素だからです。

ではいったい何をすれば向かい風を感じることができるのでしょうか。行動の具体的中身は次のようなものです。

①人と会うこと。それは関係をよくするためにです。対立するために会うのはマイナスです。また、会うということは、こちらから話をするだけではなくて相手の話を聴くための行為です。特に日本一の人と会うことです。

②文章を書くこと。自筆ではなくワープロで作成するならば必ず用紙にプリントアウトします（これで自分の思考・思想を情報コンテンツとして発信する準備が整います）。書いた文字は必ず目で読むことがポイントです。

③情報を発信すること。さらに、何人に伝えられたか、届けられたかを測定することが大切です。
④今までと異なる方法で人を喜ばせる方法を考えること。そして笑顔を人に向けて、その人から笑顔をいただく（笑顔を感謝に置き換えてもよい）。
⑤当事者意識をもつ。自分がやらなければならないことをいつでも考える。自分には関係ないと意識的に逃げ出さない。

そして今日一日行動したことに、プラスの自己評価をするのです。将来、自分のミッションが達成される日が必ず来ます。その日に今日の自分を振り返り、「ありがとう、あの日、君（あなた自身のことです）が行動をしてくれたから、今日の自分の成功があるよ。この日が迎えられたのもあの日の君の勇気ある行動のおかげだ」と必ず言えるのです。

なぜこのように確信をもって言えるかといえば、今日一日のあなたの行動が、一〇〇段の階段の第一段目だからです。今日の行動がなければ、明日の行動はあり得ません。そして、ゴールは永遠に来ないのです。ところが、あなたは第一段目に上りました。だから必ずミッションは達成できるのです。

人は、死ぬときに自分がやったことを後悔するのではなく、やらなかったことを後悔するといいます。

5 あなたが施設長になるために

施設長は組織の血栓になってはいけない

施設の業績の九割は、経営者、施設長の資質で決まります。

施設長は自分を超える能力をもつ人財を手元に置くことはできないからです。スタッフにとっても、自分のもつ能力を十分に活かしきれない、または自分の能力を引き出し育ててくれない上司の下では働けないから、自然に去ってゆきます。施設の業績が上がり、経営規模が拡大するとはどういうことかといえば、施設長の能力・器が拡大・深化するということです。施設長の能力が伸びゆけば、組織は大きくなり、スタッフの裾野は広がるからです。施設スタッフが一丸となって仕事に取り組むためには、施設長は自らのミッションに忠実に、自分はこの組織のために何をすべきかの目標を設定するのです。

施設長がこのように考えて、自らの具体的な目標を掲げたならば、全スタッフに対して意識の統一を図るべく、十分なコミュニケーションを自然にとれるはずです。コミュニケーションを通じて一人ひとりのスタッフがもつ固有の長所が見えてきますし、その長所を活かしたいという思いがわき上がってくるのです。目標をもっている施設長がスタッフをリードできないはずはないのです。スタッフに語ることのできない目標は「目標」ではありません。

スタッフは、この施設長のミッションに共感・同調して、自らの職場において自分はどのような取り組みをすべきか、どのようにしたら自分の力を最大限発揮できるのか、自分自身のミッションと施設長のミッションとの接点を探りながら、本当の自分の役割は何なのかを具体的に考えることができるのです。日本の福祉にどう貢献していきたいかを、情熱というエネルギーをもって考えることができるのです(いえ、考えることよりも行動が先に始まるはずです)。スタッフ一人ひとりが、意識が低いのではありません。スタッフの意識が低いとすれば、それは施設長の意識の低さが映っているだけです。いつでも「スタッフは施設長自身を映し出す鏡」ととらえてみてください。

施設長が、もし自分のミッションを明確に認識し、あるいは自分のミッションをスタッフと共有できないとなると、施設長はそのとき組織の血栓となります。組織の活動は次第に弱まり、ついには停止してしまうでしょう。

では、目標をもっているのに、どうしてもスタッフに伝えきれないときにはどうしたらよいのでしょうか。そのときこそ、そこに登場するのが「コンサルタントの活用」という手段です。

権限委譲の本当の意味とは?

権限委譲とは、自分のもつ権限を他人に委ねること、つまり自分の欠点・短所のカバー・サポートを依頼できる仲間を見つけることです。仲間となれるように人を育てることではないのです。育てる必要もないのです。自分よりはるかに力のある人に任せることなのですから。

となると、「権限委譲が進まない」とは、自分を超える他人の力を認めないことです。それは認める必要がないほど自分の力が優秀なのではなく、他人の力を評価し、価値づけるフェアな眼をもっていないことの証明なのです。権限委譲ができない、と部下の未熟さを嘆くことは、すなわち、自分の他人を見る眼のなさを露呈することなのです。

とはいえ、この眼力のなさを嘆くことはないのです。そもそもこの力はとても大きなもので、そう簡単には身につきません。なぜなら、「鏡の法則」を援用すれば容易に理解できることなのですが、自分の姿が相手に映り込んでしまって、それが自分のフェアな判断力を鈍らせるからです。自分ができないことは相手もできないと思い込み、相手のできることは、それくらい自分ならもっと簡単にできると思い込んでしまうからです。これが、自分ができないことを他人に任せることの難しさの原因です。では、いったいどのように権限委譲をすればよいのでしょうか。

まずは、誰でもいいから任せてしまうことです。もしも自分が急死したら誰かが代わるのですから、自分の死後のことを心配してもしかたがないように、とりあえず任せればよいのです。……ちょっと無責任すぎますか？

もう一つの方法は、自分が「代わりに」やるべき何か新しいことを先に見つければよいのです。そのことによって、今自分が無意識にしがみついている（自分にしかできないと自分を安心させてくれる）作業の、自分にとっての相対的価値を下げられるからです。だから権限委譲ができない本当の理由は、新しいことに挑戦する勉強（新しい情報の入手努力）を怠っていることに他ならないのです。

人に任せることで、あなたは自由を手に入れることができます。自分でないとできないという思い込みから、まず自由になれます。そして自由になった時間を活用して新しい勉強ができれば、今より日本の福祉に貢献できることは確実です。

さて、ではスタッフは、上司である施設長が権限委譲しないことへの不満解消をどのように考えたらよいのでしょうか。

今、自分が意識を集中して注目している上司は「権限」（具体的にはいくつかの作業にすぎないけれど……）をどうしても手放すべきだ、と感じている。だから不満を感じているわけですが、それは……自分自身にとっても意識がそこへしか集中していないことに気づくべきです。つまり自分の勉強が止まっていることに、一刻も早く気づくべきなのです。

相手（ここでは上司である施設長）は自分の鏡だと思えば、相手に腹が立つのは、自分の何かに実は腹が立っている、ということなのです。相手の能力のなさに腹が立つのはなぜでしょう？　自分の能力のなさがそこに映っているからです。だから誰にも負けない勉強をするしかないのです。

本を読んでください。
人に会って話を聞いてください。
お金をかけてセミナーに出て話を聞いてください。
自分の思いを外部に表明してください。

他人を変えることは容易にはできませんが、自分を変えることならば、今ここでできます。誰の許可も要らないのです。

施設長になって自分の使命を果たそう

いよいよ最後のメッセージです。ここまで主に施設長に向けて私のメッセージを話してきましたが、最後はスタッフであるあなたに送ります。

「はじめに」でも書いたように、あなたが現場で仕事をしていると、日々さまざまなことが起こります。涙が出るほど感動できる幸せな出来事もあれば、眉をひそめるようなこと、悲しいこと、腹立たしいこと、元気がなくなるようなことも起こります。

今のまま進んでいったら、明日の職場はいったいどうなるのかと、不安で眠れなくなるときもあるでしょう。仕事を辞めたくなって退職願を書こうかと迷ったことがあるかもしれません。「福祉の現場には福祉はない」と絶望感をもっているかもしれません。

「なんとかしなければならない」と感じている方は実はあなた一人ではありません。

私もその一人です。あなたと同じです。

あなたは今の仕事のなかで無力感を覚えているかもしれません。「もう打つ手はない」と感じているかもしれません。

私があなたと異なる点があるとすれば、それは「もう手はない」と感じてはいないということです。

それは、あなたが、あなた自身が施設長になろう、という決意を今もってくれたはずだ、と確信しているからです。

日本の福祉の向上に貢献するために、あなたが最高の力を発揮するために、施設長というポストについていてください。あなたのミッションに従って、仲間であるスタッフとともに利用者の感謝を実感できるしくみとサービスを企画して、誰にも負けない成果を手にしたくなりませんか。そのために「自分が施設長になる」と決心してください。

不安ですか?

どうすれば決心できるかおわかりになりますか。次の文の（　）の中をあなたの言葉で埋めてください。

『私は（　　　　　　　　）の施設長に（　　年　　月　　日）までになります』

さあ、一分以内に書いてください。ほら、すぐにペンを持ってください。

書き込めましたか?

本当に書き込めた方、あなたは施設長になれます。この決意こそ、施設長の資格なのです。

そして日本の福祉を変えるのはあなたです。大げさに言っているのではありません。福祉実践の歴史を見れば、日本の福祉サービスの流れをつくり、向上させてきたのはいつでも現場からでした。これからもそうです。

さて、施設長さん。この本の読者から、あなたに代わって施設長になろうと決意された方が生まれてきます。

見守ってくださいね。スタッフを育てるのがあなたの仕事です。

追い越されないかって？　大丈夫ですよ。

でも、不安？　ならば書いてください。第1章の冒頭（一五ページ）でお伝えした、あの「目標を紙に書くワーク」です。

あなたのミッションは何ですか。書いてください。

（　　　　　　　　　　　　　　　　）

そのミッションに従って施設経営をするとすれば、何がどうなれば「成功」といえるようになりますか（測定可能な目標値を書いてください）

（　　　　　　　　　　　　　　　　）

その成功はいつまでに達成させますか。

（　年　月　日までに）

そのためにまず今日は何をしましたか。どんな小さなことでも書いてください。

（　　　　　　　　　　　　　　　　　　　　　　　　　　）

さあ、三分以内に書いてください。ほら、すぐにペンを持ってください。

書き込めましたか？

「明日は何をしますか。今月中は……、来月は……」と続けたいところですが、不要です。今日したことがしっかりと記録できれば、明日すべきことは、考えたくなくても頭に浮かんできますから。

おわりに

顧客を選ぶために

私が勤務している施設の名前は『就職するなら明朗塾』といいます。このような名称（屋号）を選んだ理由は、障害者の就職支援を施設サービスの主幹にしているからです。この世の中に、オールマイティなサービスはないのです。オールマイティ（無敵）はゲームのなかには存在しますが、現実にはありません。全員を満足させようとすれば、誰も満足させられなくなるのです。だから、何かを優先するために別の何かを止めなければなりません。別の水脈を見つけたければ、今の井戸掘りを止めなければなりません。何を止めるかを決めることのないままに優先したいことを決めることはできません。

少し前のことですが、二〇〇三年に船井総合研究所のコンサルティングを受けたことがあります。その中間報告会の席上、明朗塾スタッフの「顧客を選ぶことはできないのでしょうか」という問いに、船井総研の佐藤芳直常務（当時）はその後の明朗塾のサービス方針を決定づける重要な回答をしました。

「一〇〇パーセント個別対応をしようと思うなら、顧客を選ばなければなりません。顧客を選ぶ前提として施設がどのようなサービスを提供し、どのような施設にしたいかということをコミットしなければなりません」。

佐藤常務の「顧客を選ばなければなりません」とは、明朗塾が恣意的に顧客を選択するのではなく、明朗塾の看板（ブランド）を明確にして、そのことによってどんなに遠くに住んでいようとまたどんなに金額が高くても「明朗塾のサービスを受けたい」という顧客をサービスの対象にするということです。つまり「明朗塾でなければだめだ」という顧客に利用していただくことが、すなわち明朗塾にとって顧客を選ぶということになるのです。

そこで「明朗塾はこういうサービスを提供する施設です」と今までコミット（宣言）してきていたのかを点検しました。その結果、十分にしてこなかったことが判明しました。この点を佐藤常務は指摘したのであり、職員の疑問の根源もここにあったのです。

明朗塾の実態は、次のようなものでした。

「八百屋なのに食料品店という看板を掲げて営業していた。野菜果物以外の商品も多少取り揃えた。お客様に、新鮮なアジがほしいのにないじゃないかとクレームを言われた。アジより大根のほうが身体にいいですよと一生懸命説明していた」。

「行き先を明示しない列車に『座席が空いていますよ』とどんどんお客様を乗せて、そのうち乗客のなかから『自分の思いと違う方向に進んでいくから話が違うじゃないか』と言われて混乱していた。初めから行き先を決めていればその行き先に行きたくない人は乗らなかったはず」。

それでは明朗塾の看板は何にすればよいのでしょうか。右の例え話をひけば、どこへでも行ける列車では身動きがとれなくなります。サービスはそうではないのです。例えば東京に行きたいという人にだけサービスを提供すると決めます。東京に行くからには必ず東京に到着するし、車内は確実に快適にするし、障害があって通常の椅子に座れない人には特別の椅子を用意します。そこでは東京に行きたいということでは乗客の思いは一致します。乗務員もまた東京到着に向けて一意専心努力します。札幌や大阪に行きたい人へは別の列車をお勧めする。これがサービスの一つの本質ではないでしょうか。

就職するなら明朗塾は「働く」を重要なキーワード（看板理念）としました。もちろん人にはさまざまな幸福観があります。「働く」ことがなくても幸福になれます。一人のライフステージに着目しても「働く」ことで幸せになるのは人生の一時期だけです。しかし就職するなら明朗塾ではこのことを明確にしたのです。就職支援に特化し、それ以外のサービス提供をやめることで、見えてくるものがあるのです。

福祉の松下村塾をつくる

第4章2の「パラダイムシフトを体験させよう」（一五八ページ）のところで書きましたが、感動体験を共有することが、今の福祉現場に一番大切ですし、これこそが福祉現場に人財が集めるためのコツです。

　福祉現場で起こるさまざまな事故や事件を悲劇としてセンセーショナルに報道することだけでは福祉現場の改革は進みません。むしろ、さまざまな福祉の現場で見られるスタッフの情熱的な活動や感動的なサービス提供、そして利用者やご家族からの心のこもった感謝の思いとスタッフとの共感、現場スタッフ同士の実践を通じた切磋琢磨やそれを支える施設長の勉強、そして何よりも施設長の日本の福祉を変えたいというミッションを全員で共有していく、本当の意味での「福祉のネットワーク」をつくりたい、というのが私の願いです。

　日本の福祉に貢献するために『福祉の松下村塾』をつくりたいというのが私のミッションです。このミッションに、この本の読者のあなたにぜひご参加いただきたいと思います。ぜひメールマガジン『施設長の資格』もこの本と合わせて読んでください。無料購読の方法はの本の最後にあります。

　最後に、この本の出版に至る経緯を少しお伝えします。『目標を紙に書くワーク』を私が始めたのは、二〇〇六年初夏でした。そのワークのなかで「本を書く」と書きました。その年、秋田で開催された日本知的障害者福祉協会の全国大会で日本女子大学の久田則夫先生のご講演を聞きました。先生の『どうすれば福祉のプロになれるか』（中央法規出版刊）を読んでいたので、直接先生のお話を伺いたかったからです。施設へ帰ってから講演レジュメとメモをもとに、スタッフとご講演の内容を共有しました（この講演の音声が福祉協会から配付されましたので、私はそれを今までに何十回も聴いています）。翌二〇〇七年春に千葉県内で再び久田先生の講演を聞く機会があり、今度は施設のスタッフ数名とともに参加しました。

そして、久田先生にご講演のお礼メールを送ったのです。思いがけず先生から返信メールをいただき、五月に直接大学の研究室に伺い面会させていただきました。そのとき光栄にも、先生は私のメールマガジンを読んでくださっていて、このコンテンツをもとに本を書いてはどうかと勧めていただきました。

「本を書く」ことはすでに私の目標だったので、その勧めに応じて、これまた先生にご紹介いただいた出版社と連絡を取ることになりました。六月に出版が決まり、原稿を書き始めたのです。当初の予定より一年近く原稿執筆に時間がかかりましたが、中央法規出版企画部の飯田研介氏の応援をいただき、この出版へ至ったのです。お二人とのご縁に感謝いたしております。

またメルマガ『施設長の資格』は現在まで約二年間六〇号を超えて継続して発行していますが、読者のみなさまから応援メールをいただき、この応援が執筆のエネルギーともなりました。ありがとうございました。

私の勤務する『就職するなら明朗塾』のスタッフ全員に感謝いたします。この本のなかに紹介できたさまざまな実践は、すべて一人ひとりのスタッフによるものです。全スタッフの実践と検証があればこそ、この本が生まれました。ありがとうございました（もちろんこの本に紹介しきれないほどの実践がまだたくさんあります。次の機会にご紹介します）。

『目標を紙に書くワーク』は実証済みです。私だけでなく多くの人がワークの効果を報告しています。あなたもぜひ取り組んでみてください。

〈法人経営施設等紹介〉

明朗塾は1999年８月知的障害者授産施設（入所40・通所部18）として千葉県八街市内に開設。2002年10月グループホーム開設（以降2019年3月までに12か所38）。2002年12月ＩＳＯ9001認証取得（2008年12月自己適合宣言へ移行）。2005年宅配弁当事業開始。2006年10月障害者自立支援法にもとづく新事業に全面移行（就労移行33・就労継続Ｂ30・生活介護10・施設入所支援40・共同生活援助５×２）。2006年11月「就職するなら明朗塾」に名称変更。2007年４月八街市地域自立支援協議会運営受託。2008年4月障害者就業・生活支援センター事業受託。2008年４月事業体系を変更（就労移行支援43・就労継続Ｂ30・施設入所支援40）。2010年４月成田市内に障害福祉サービス事業所「就職するなら明朗アカデミー・成田キャンパス」（就労移行支援20、2018年10月就労定着支援事業併設）開設。短期パソコン操作技術習得コース併設。2012年4月八街市障がい者就労支援事業所「明朗ワークス」・指定管理受託。2014年4月介護職員初任者研修事業開始。2015年3月佐倉市内に障害福祉サービス事業所「就職するなら明朗アカデミー・佐倉キャンパス」（就労移行支援20、2018年10月就労定着支援事業併設）開設（2016年４月簿記・会計コース併設）。2015年4月生活困窮者自立支援事業（就労準備支援事業）を受託。2016年12月就職するなら明朗塾の構成を変更（就労移行14・就労継続Ｂ46）して、障害福祉サービス事業所「就職するなら明朗アカデミー・八街キャンパス」（就労移行支援20、2018年9月就労定着支援事業併設）開設。2017年3月白井市内に障害福祉サービス事業所「就職するなら明朗アカデミー・白井キャンパス」（就労移行支援20、2018年4月就労定着支援事業併設）開設。2017年12月宅配弁当事業終了。作業科目は2019年3月現在、ファーム（農業生産）、ファクトリー（製菓、農産加工）、組立等作業受託。

所在地：千葉県八街市八街に20番地　ホームページ：http://www.meiroh.com

〈著者紹介〉

内藤　晃（ないとう・あきら）

1959年千葉県生まれ。千葉県公立高校教員、行政書士を経て、1999年明朗塾開設とともに施設長就任。2004年から千葉県社会就労センター協議会会長。2009年10月就職するなら明朗塾施設長を退き法人常務理事（ＣＥＯ）就任。2013年から全国セルプ協調査研究研修委員長。2016年３月別法人の保育園・子育て支援センター事業の総括管理参事（ＣＥＯ）就任。2016年9月から淑徳大学福祉総合学部非常勤講師。セルプ士。興味・関心のあるテーマは、カウンセリング、家族療法、マーケティング研究。趣味は読書、商業施設巡り、クラシックコンサート鑑賞、作曲。特技は看板づくりと重機運転。米国自家用単発飛行操縦士免許。

「障害者雇用・就労支援」「顧客価値視点にもとづく小売業（就労支援事業）経営・福祉事業経営」「人間性向上を目指す組織と人財教育」に効果が出る行動の仕方・考え方をテーマとした講演を福祉施設から民間企業、大学、高校まで提供し続けている。

著者のメールアドレス：naitodream@yahoo.co.jp

メールマガジン「『施設長の資格』～障害者施設の舵取り指南」をご購読ください。お友達にも紹介してください。

【まぐまぐ無料購読のサイト】http://www.mag2.com/m/0000205870.html

【メルマ無料購読のサイト】http://www.melma.com/backnumber_162150/

施設長の資格！～福祉経営に役立つ30項～

2009年３月15日初版発行
2019年３月15日初版第10刷発行

著者　内藤　晃
発行者　荘村明彦
発行所　中央法規出版株式会社
〒110-0016　東京都台東区台東3-29-1　中央法規ビル
営　業　TEL 03-3834-5817　FAX 03-3837-8037
書店窓口　TEL 03-3834-5815　FAX 03-3837-8035
編　集　TEL 03-3834-5812　FAX 03-3837-8032
https://www.chuohoki.co.jp/
装幀　渡邊民人（タイプフェイス）
本文デザインDTP　中川由紀子（タイプフェイス）
印刷・製本　三松堂株式会社

ISBN 978-4-8058-3099-4
定価はカバーに表示してあります。
落丁本・乱丁本はお取り替えいたします。

本書に関するご意見・ご感想、著者への講演・研修依頼などは、下記のアドレスまでお願いいたします。
reader@chuohoki.co.jp